17

HANNAH ARENDT

Nosotros, refugiados

TASCABILI

altamarea

Primera edición en esta colección: enero de 2024
Segunda edición: octubre de 2025
Título original: *We Refugees*

© 2007 by The Literary Trust of Hannah Arendt and Jerome Kohn
© 2022 edited and curated by Donatella Di Cesare
Published by arrangement with The Italian Literary Agency
© de la presente edición: Altamarea Edición de Libros SL
© de la traducción: Lidia Suárez Armaroli
© fotografía p. 6: Hannah Arendt Center for Politics and Humanities

Diseño de la colección: Sara Maroto Hebrero
Corrección: Adrián Espinosa y Cristina Pérez

ISBN: 978-84-19583-48-2
DL: M-33010-2023

Impreso por KS Printing en julio de 2025

HANNAH ARENDT

Nosotros, refugiados

Edición de
Donatella Di Cesare

Traducción de
Lidia Suárez Armaroli

Nosotros, refugiados [I]

Lo primero de todo: no quisiéramos que nos llamaran «refugiados». Entre nosotros nos llamamos «recién llegados» o «inmigrantes». Nuestros periódicos son boletines para «estadounidenses de lengua alemana» y, a cuanto sé, no existe —ni ha existido nunca— un club de cuyo nombre se infiera que los miembros hayan sido perseguidos por Hitler, es decir, que sean refugiados.

Hasta hace poco, se llamaba refugiado a quien se veía obligado a pedir asilo por algo que había hecho o a causa de sus opiniones políticas. Bien, es cierto que también nosotros nos hemos visto obligados a pedir asilo, pero no hemos cometido ninguna acción reprehensible, y la mayoría de nosotros ni de lejos tiene filiaciones políticas radicales. La palabra

1   El texto de Hannah Arendt se publicó por primera vez en la revista *The Menorah Journal,* 36.1 (enero de 1943), pp. 69-77. *(Todas las notas son de la editora italiana, Donatella Di Cesare).*

«refugiado» ha cambiado de significado con nosotros. Ahora, los «refugiados» son aquellos de nosotros que han tenido la mala suerte de llegar a un nuevo país sin bien alguno y han tenido que recurrir a la ayuda de un comité de refugiados.

Antes de que estallase la guerra soportábamos aún menos la etiqueta de «refugiados». Hicimos todo lo que estuvo en nuestras manos para demostrar a los otros pueblos que no éramos unos simples inmigrantes. Declarábamos que habíamos abandonado la patria por propia voluntad en busca de un país elegido libremente, y negábamos que nuestra situación tuviese nada que ver con los denominados «problemas judíos». Sí, éramos «inmigrantes», o «recién llegados», que habían dejado su país bien porque llegó un día en que no era oportuno seguir en él o bien por razones puramente económicas. Queríamos reconstruir nuestras vidas, eso era todo. Pero para reconstruir nuestras vidas hay que ser fuerte y optimista. Por eso fuimos muy optimistas.

Tenemos un optimismo admirable, en verdad, aunque nos lo digamos nosotros mismos. Por fin se ha hecho pública la historia de las pruebas que hemos debido superar. Perdimos la casa; es decir, la intimidad de la vida cotidiana. Perdimos el trabajo, o sea, la confianza de que somos de alguna utilidad en este mundo. Perdimos el idioma, o sea, la naturalidad de las reacciones, la sencillez de los gestos, la expresión espontánea de los sentimientos. Abandonamos a los parientes en los guetos polacos, nuestros mejores amigos fueron asesinados en los campos de exterminio, y esto significa la laceración de nuestras vidas privadas.

Pero apenas nos pusimos a salvo —y muchos de nosotros hubimos de ser rescatados más de una vez— empezamos una nueva vida intentando seguir de la manera más precisa posible los sabios consejos que nos dieron nuestros salvadores. Nos dijeron que olvidáramos, y hemos olvidado mucho antes de lo que se pudiera creer. Nos recordaron amigablemente que el nuevo país se iba a convertir en nuestra patria y, después de cuatro semanas en Francia o seis semanas en Estados Unidos, hemos debido fingir que éramos franceses o estadounidenses. Los más optimistas de nosotros llegarían incluso a admitir haber pasado su vida anterior en una especie de exilio inconsciente y haber tenido constancia, gracias al nuevo país, de qué significaba verdaderamente estar en casa. Es cierto que, de vez en cuando, hemos puesto objeciones a la invitación que se nos hacía para olvidar lo que hacíamos antes; solo a regañadientes renunciamos por regla general a los ideales de antaño si, al hacerlo, peligra nuestra posición social. Con el idioma, sin embargo, no tenemos problemas: apenas pasado un año, los optimistas están convencidos de hablar el inglés como si fuera su lengua materna; dos años después juran solemnemente que hablan el inglés mejor que cualquier otro idioma y a duras penas recuerdan el alemán.

Para olvidar más fácilmente, preferimos evitar cualquier alusión a los campos de exterminio o de concentración que pudimos conocer en casi todos los países europeos, pues esto podría interpretarse como una señal de pesimismo, o como una falta de confianza en nuestra nueva patria. Además, demasiadas veces nos han dado a entender que nadie tiene ganas de saber de todo eso. El infierno ha dejado de ser una creencia religiosa o una fantasía y es algo real, como reales son las casas, las piedras y los árboles. Parece que nadie quiera saber que la historia contemporánea ha creado una nueva especie de ser humano: aquella a la que los enemigos llevan a campos de concentración y los amigos recluyen en campos de internamiento.

Incluso entre nosotros no hablamos de este detalle del pasado. Hasta hemos encontrado la manera de conducirnos en un futuro incierto. Visto que todos planifican, descan y esperan, nosotros hacemos lo mismo. Pero más allá de estos comunes comportamientos humanos, buscamos iluminar el futuro de un modo más científico. Después de tanta mala suerte, queremos un camino rectilíneo y a prueba de bombas. Por eso dejamos atrás la tierra, y todas las incertidumbres, y dirigimos la mirada al cielo. Las estrellas, más que los periódicos, nos dirán cuándo Hitler habrá sido derrotado y cuándo seremos ciudadanos estadounidenses;[2] pensamos que son consejeras más fiables que nuestros amigos. Gracias a las estrellas sabemos cuándo conviene ir a comer con nuestros benefactores y cuál es el mejor día para rellenar los innumerables documentos que marcan nuestra vida actual. A veces, hasta de las estrellas desconfiamos y damos crédito únicamente a las líneas de la mano o a las características de la caligrafía. De este modo, en lugar de los acontecimientos políticos, acabamos por indagar en nuestro querido yo, aunque el psicoanálisis no esté muy de moda. Ha pasado el tiempo feliz en que las damas aburridas y los señores de la alta sociedad conversaban acerca de las divertidas travesuras de cuando eran niños. Ahora ya no tienen ganas de escuchar historias de fantasmas; son suficientes las experiencias reales para poner la piel de gallina. No hay necesidad de inventarse un pasado mágico porque el presente, en realidad, está bastante embrujado. Así pues, a pesar de nuestro sincero optimismo, recurrimos a toda clase de trucos mágicos para conjurar los espíritus del futuro.

2   Hannah Arendt consiguió la ciudadanía estadounidense el 11 de diciembre de 1951. Así pues, hasta esa fecha, fue apátrida durante dieciocho años, desde que el Estado nacionalsocialista le negó la ciudadanía alemana en 1933.

No sé qué recuerdos y qué pensamientos albergan de noche nuestros sueños. No me atrevo a averiguarlo, pues yo también debería mantenerme optimista. Pero, a veces, imagino que al menos por la noche recordamos a nuestros muertos o recordamos los poemas que amamos tiempo atrás. Podría incluso comprender que nuestros amigos de la costa oeste, durante el toque de queda, puedan haber tenido ideas tan extravagantes como la de creer que solo somos «candidatos a ciudadanos» y que, de momento, somos también «enemigos extranjeros». Durante el día acabamos por ser enemigos extranjeros, como es evidente solo «técnicamente»: lo son todos los refugiados. Pero cuando razones técnicas impiden dejar la casa durante la noche, entonces no es fácil (de ningún modo) evitar tétricas reflexiones acerca de la relación entre las razones técnicas y lo real.

No, hay algo que no funciona en nuestro optimismo. Hay entre nosotros optimistas extraños, después de haber hablado innumerables veces con optimismo, de vuelta a casa, o dejan el gas abierto o se sirven de un rascacielos de manera poco habitual. Parecen declarar con gestos así que nuestro tan cacareado optimismo se basa en una peligrosa inclinación a la muerte. Educados en la convicción de que la vida es el bien supremo y la muerte el horror más grande, nos hemos convertido en testigos y víctimas de atrocidades que son peores que la muerte, pero sin haber sido capaces de encontrarle un ideal más elevado que la vida. De este modo, aunque la muerte haya perdido para nosotros su capacidad aterradora, no tenemos ni el ánimo ni la capacidad de arriesgar la vida por una causa. En lugar de luchar (o de pensar la manera de encontrar la manera de luchar) los refugiados se han acostumbrado a desearles la muerte a los amigos y a los parientes; si alguien muere, imaginamos (casi con la sonrisa en los labios) las penas que ha dejado de sufrir. Y muchos de nosotros acabamos por esperar, a su vez, evitarnos unos cuantos problemas y obramos en consecuencia.

Desde 1938, cuando Hitler invadió Austria, hemos visto la rapidez con la que el elocuente optimismo se convierte en mudo pesimismo. A medida que pasa el tiempo empeora nuestra situación: somos cada vez más optimistas y más propensos al suicidio. Bajo el gobierno de Schuschnigg,[3] los judíos austriacos eran

---

3   Kurt Alois von Schuschnigg (Riva del Garda, 1897-Mutters, Tirol, 1977), abogado y miembro del Partido Socialcristiano desde 1927, se convirtió en canciller el 29 de julio de 1934 y, al mando del Frente Patriótico, por lo que recibió el nombre de Frontführer, gobernó Austria de manera casi dictatorial hasta el 11 de marzo de 1938, cuando fracasó el último intento de evitar el *Anschluss*. Bajo la ocupación nazi fue recluido como *Schutzhäftling,* prisionero político preventivo, en varios campos de concentración, entre ellos Dachau y Sachsenhausen. Acabada la guerra, emigró a Estados Unidos; volvió a Austria en 1968.

gente tan alegre que se ganaron la admiración de muchos observadores imparciales. Era verdaderamente extraordinario cuán profundamente convencidos estaban de que no iba a sucederles nada. Pero cuando las tropas alemanas invadieron el país y sus vecinos gentiles empezaron a asaltar las casas de los judíos, entonces empezaron a suicidarse los judíos austriacos.

A diferencia de lo que ocurre en otros casos de suicidio, nuestros amigos no dejan explicaciones de por qué lo hacen, ninguna acusación, ninguna denuncia contra un mundo que ha obligado a una persona desesperada a actuar y hablar con buen humor hasta el último momento. Las cartas que dejan son documentos convencionales, carentes de significado. Por eso las oraciones funerarias que rezamos ante las tumbas aún abiertas son breves, embarazosas, esperanzadas. Nadie se pregunta los motivos, y es que a todos les resultan claros.

Hablo aquí de hechos impopulares y, para empeorar las cosas, para defender mi opinión no dispongo ni siquiera de cifras; es decir, del único argumento que le causa efecto al público de hoy. Incluso los judíos que niegan enfurecidos la existencia del pueblo judío afirman que tenemos unos altos niveles de supervivencia hasta que llegamos a las cifras. ¿Cómo, si no, podrían probar que solo algunos judíos son criminales y que en la guerra muchos judíos caen como grandes patriotas? Gracias al esfuerzo que hacen por salvar la vida estadística del pueblo judío sabemos que los judíos son el pueblo civilizado con el menor índice de suicidios. Estoy bastante segura de que estos datos han dejado de ser correctos, pero no puedo demostrarlo con nuevas cifras, aunque sea capaz de hacerlo (sin duda) con nuevas experiencias. Esto podría ser suficiente para aquellos espíritus escépticos que no creyeron nunca que el diámetro de un cráneo dé la idea exacta de lo que contiene, o que las estadísticas de la criminalidad revelen exactamente el nivel ético de una nación. En cualquier caso, los judíos europeos, vivan donde vivan hoy, han dejado de comportarse según las leyes de la estadística. Se suicidan no solo las personas aterrorizadas en Berlín o en Viena, en Bucarest o en París, sino también en Nueva York y en Los Ángeles, en Buenos Aires y en Montevideo.

Muy poco se sabe, por el contrario, de los suicidios en los guetos y en los campos de concentración. Cierto es que tenemos poquísimas noticias de Polonia, si bien estamos muy bien informados sobre los campos de concentración en Alemania y en Francia.

En el campo de Gurs, por ejemplo, donde pasé un tiempo, una sola vez oí hablar de suicidio, y fue la propuesta de llevar a cabo una acción colectiva: por lo que parece, era una manera de protestar para molestar a los franceses.[4] Cuando algunas de nosotras reparamos en que habíamos sido deportadas allí *«pour crever»*[5] sin remisión, el estado de ánimo general cambió y se convirtió en un feroz deseo de vivir. Era opinión general que hacía falta ser anormalmente asocial, además de indiferente a las circunstancias generales, si se era capaz de seguir interpretando lo que había sucedido como una desgracia personal e individual y, por eso, de acabar con el sufrimiento de manera igualmente personal e individual. Pero apenas estas personas volvieron a sus vidas anteriores, individuales, y se vieron obligadas a enfrentarse con problemas en apariencia personales, se lanzaron una vez más al loco optimismo, antesala de la desesperación.

Somos los primeros judíos no religiosos perseguidos, y somos los primeros en responder, no solo *in extremis,* con el suicidio. Quizá tengan razón los filósofos que enseñan que el suicidio es la mejor

---

4   Como otros muchos judíos alemanes, Hannah Arendt se exilió en París en 1933. Allí fue arrestada como «enemiga extranjera» el 15 de mayo de 1940. Fue internada en el campo de Gurs, cerca de los Pirineos, hasta finales de junio. Consiguió huir durante el caótico periodo del avance alemán, con lo que evitó la deportación.

5   En francés en el texto original: «para palmarla».

y suprema garantía de la libertad humana. Aunque no seamos libres de crear la vida o de organizar el modo en que vivimos, somos libres de acabar con la vida y dejar atrás este mundo. Los judíos piadosos no pueden, por supuesto, aceptar esta libertad negativa, porque juzgan el suicidio como asesinato, es decir, la destrucción de lo que el ser humano no ha sido capaz de hacer, una injerencia en los derechos del Creador. *Adonai nathan ve Adonai lakach:* «El Señor nos lo dio, el Señor nos lo quitó»;[6] *Baruch Shem Adonai:* «Bendito sea el nombre del Señor». Para ellos, el suicidio (como el asesinato) es un ataque blasfemo a la creación. Quien se suicida afirma que la vida no es digna de ser vivida y que el mundo no es digno de acogerlo.

Sin embargo, los que entre nosotros se suicidan no son rebeldes desequilibrados que desafían a la vida y al mundo y quieren aniquilar consigo el universo entero. Tienen una manera de desaparecer silenciosa y modesta, como si quisieran disculparse por la violenta solución que han encontrado para sus problemas personales. Por lo general, consideran que los acontecimientos políticos no tienen nada que ver con el destino de sus vidas; tanto en próspera como en adversa fortuna creerán

6 Job, 1:21.

únicamente en su personalidad. Hoy, en cambio, descubren dentro de sí misteriosas carencias que les impiden seguir adelante. Como desde muy niños se creyeron dignos de una cierta posición social, se consideran unos perdedores si no son capaces de mantenerla. Su optimismo no es más que el vano intento de mantenerse a flote. Debajo de esta máscara de despreocupación no hacen sino luchar incesantemente contra su desesperación. Al final, mueren por culpa de una especie de egoísmo.

Si alguien nos salva, nos sentimos humillados; si alguien nos ayuda, nos sentimos degradados. Peleamos furiosamente por llevar una vida privada con un destino individual, porque tememos convertirnos en parte de aquella miserable hilera de *Schnorrer*,[7] nosotros, que fuimos en tiempos grandes filántropos, nos recordamos incluso demasiado bien. Al igual

---

7 *Schnorrer* quiere decir pedigüeño, gorrón. En la literatura yidis, tiene una acepción irónica: designa al mendigo de buena familia que disimula la pobreza y hasta toma conciencia satírica de ella y, por tanto, en sentido amplio, remite a quien tiene la inteligencia para salir adelante sin que se sepa de su miseria. Sin embargo, Arendt seguramente recordaba la famosa novela de Adalbert von Chamisso de 1814, en la que Peter Schlemihl se deja engañar por el demonio y cambia su alma por un saquete de oro infinitamente lleno de monedas de oro. Vaya donde vaya, de ciudad en ciudad, aquel hombre sin sombra, diferente a los demás, provoca temor y acaba rechazado. Schlemihl significa entonces el exiliado, extranjero y solo.

que en el pasado no entendimos que el denominado *Schnorrer* era el símbolo del destino judío, y ya no era un *Schlemiel,* así hoy nos creemos con derecho a reivindicar la solidaridad hebraica. No conseguimos entender que no se trata de nosotros como individuos, sino como pueblo judío en su totalidad. Quizá fueron nuestros protectores quienes favorecieron enérgicamente una falta de compresión semejante. A propósito, recuerdo al director de una importante entidad asistencial de París que, cuando recibía la tarjeta de visita de un intelectual judío alemán en el que había impreso el inevitable «Dr.», acostumbraba a exclamar en voz alta: *«Herr Doktor, Herr Doktor, Herr Schnorrer, Herr Schnorrer».*[8]

La conclusión que sacamos de estas desagradables experiencias era muy sencilla: ya no nos era suficiente con ser doctores en Filosofía. Y aprendimos que para construirse una vida nueva era necesario, ante todo, mejorar la precedente. Para describir nuestro comportamiento se inventó una anécdota divertida. Un pobre perro salchicha *émigré,* abandonado y triste, empieza: «Una vez, cuando yo era un san bernardo…».

A los nuevos amigos, abrumados por tantas celebridades y estrellas, les cuesta entender que en el

---

8   En alemán en el original: «¡Señor doctor, señor doctor, señor Schnorrer, señor Schnorrer!».

fondo de las descripciones que hacen de los esplendores pasados se esconde una verdad humana: en tiempos, éramos personas de las que los otros se preocupaban, a quienes querían los amigos y a quienes hasta los dueños de las casas tenían por puntuales pagadores de las mensualidades del alquiler. Hubo un tiempo en que podíamos ir a comprar o utilizar el metro sin sentirnos etiquetados como indeseables. Nos volvimos un poco histéricos a partir del momento en que los periodistas empezaron a perseguirnos y a decir públicamente que deberíamos dejar de resultar desagradables cuando compramos la leche y el pan. Nos preguntamos cómo podemos conseguirlo si ya somos malditamente prudentes en todos los actos y momentos de nuestras vidas cotidianas para evitar que se adivine quiénes somos, qué clase de pasaporte tenemos, dónde se expidieron nuestras partidas de nacimiento, y que Hitler no pudiera soportarnos. Hacemos todo lo que podemos para adaptarnos a un mundo en que para ir a hacer la compra hay que tener una orientación política.

En tales circunstancias, el san bernardo se vuelve cada día que pasa más impotente. Jamás olvidaré aquel joven que, mientras se esperaba de él que aceptase un determinado tipo de trabajo, dijo entre suspiros: «Usted no sabe quién soy yo, yo era jefe de departamento en el Karstadt de Berlín».[9] Sin olvidar la profunda desesperación de aquel hombre de mediana edad que, tras haber soportado un infinito ir y venir entre diferentes comités en busca de salvación, al final exclamó: «¡Aquí nadie sabe quién soy yo!». Como nadie quería tratarlo como un ser humano dotado de dignidad, empezó a mandar telegramas a importantes personalidades y a sus conocidos más relevantes. Aprendió enseguida que en este loco mundo es más fácil ser aceptado como un «gran hombre» que como un ser humano.

Cuanto menos libres somos de decidir quiénes somos, o de vivir como queremos, más nos esforzamos por presentar una imagen de fachada, por esconder los hechos, por representar un papel. Nos expulsaron de Alemania por ser judíos. Pero apenas cruzamos fatigosamente la frontera francesa, nos convirtieron en *boches*.[10] Nos oímos decir que deberíamos aceptar esta etiqueta si, en verdad, éramos contrarios a las leyes de segregación racial de Hitler. Interpretamos durante siete años el ridículo papel de quienes intentan ser franceses o, por lo menos, potenciales ciudadanos franceses. Y, sin embargo,

9   El Karstadt era el más famoso de los grandes almacenes de Berlín.

10   Palabra menospreciativa francesa utilizada para referirse a los alemanes y que significa «chucrut».

al inicio de la guerra, nos recluyeron como *boches*. Pero, mientras tanto, muchos de nosotros devinieron hasta tal punto leales ciudadanos franceses que no osaron criticar ni siquiera el más mínimo decreto francés, y así acabamos por declarar que era justo que se nos recluyera. Fuimos, que se sepa, los primeros *«prisonniers volontaires»*[11] de la historia. Después de la invasión alemana, el Gobierno francés no tuvo más que cambiar el nombre de la empresa: tras habernos encarcelado porque éramos alemanes, no nos liberaron porque éramos judíos.

Es la misma historia que se repite continuamente en todo el mundo. En Europa, los nazis nos confiscaron las propiedades, pero en Brasil tenemos que pagar el 30% por nuestros bienes y haberes, exactamente lo mismo que pagan los miembros más fieles del Bund der Auslandsdeutschen. En París no podíamos salir de casa pasadas la ocho de la tarde porque éramos judíos, y en Los Ángeles estamos sujetos a controles porque somos «extranjeros enemigos». Nuestra identidad ha cambiado con tanta frecuencia que nadie conseguirá saber quién somos en verdad.

Por desgracia, las cosas no van mucho mejor cuando tienen que ver con los judíos. La comunidad hebrea francesa estaba absolutamente convencida de

---

11 En francés en el original: «prisioneros voluntarios».

que todos los judíos procedentes de más allá del Rin eran, como se suele decir, *Polaks* —u *Ostjuden*— tal y como se denominan en la comunidad alemana.[12] Pero los judíos que venían realmente de la Europa del Este no podían estar de acuerdo con sus hermanos franceses y nos llamaban *Jaeckes*.[13] Los hijos de los que odiaban a los *Jaeckes* —la segunda generación nacida en Francia y debidamente asimilada— compartían por su parte la opinión difundida entre los judíos franceses de la alta sociedad. Así, en una misma familia podía suceder que el padre te llamara *Jaecke* y el hijo *Polak*.

Estallada la guerra, y tras la catástrofe que se cebó con los judíos de Europa, el simple hecho de ser refugiados nos impidió amalgamarnos con la sociedad judía de los países de llegada, una regla confirmada por unas pocas excepciones. Estas leyes sociales no escritas, aunque muy aceptadas públicamente, tienen la gran fuerza que les da la aprobación de la opinión pública. Y en nuestras vidas cotidianas esta opinión tácita, con la práctica que se deriva, es más importante que cualquier declaración oficial de hospitalidad y de buena voluntad.

12   *«Polaks»*, polacos; *«Ostjunden»*, judíos del este.
13   *«Jaeckes»* (*«Jecken»* en la grafía alemana) es la palabra yidis para referirse a los judíos alemanes, por lo general vestidos con traje y corbata, señal de una asimilación mayor.

El ser humano es un animal social y la vida no es fácil cuando se rompen los vínculos sociales. En el contexto de una sociedad es mucho más sencillo mantener los valores morales. Muy pocas personas tienen la fuerza suficiente para conservar la integridad si su estatus social, político y jurídico es completamente indefinido. Como nos falta el valor para luchar por nuestro estatus social y legal, muchos hemos decidido (por el contrario) intentar un cambio de identidad. Y este curioso comportamiento no hace sino empeorar las cosas. La confusión en la que vivimos es, parcialmente, obra nuestra.

Un día, alguien escribirá la verdadera historia de la emigración hebrea de Alemania. Y deberá empezar con la descripción de aquel señor Cohn de Berlín que siempre fue alemán al 150%, un súper patriota alemán. En 1933, el señor Cohn encontró refugio en Praga y, muy pronto, se convirtió en un patriota checo convencido; un patriota checo sincero y leal, como lo fue alemán. Pasó el tiempo y, hacia 1937, el Gobierno checo, que soportaba ya la presión nazi, empezó a expulsar a los refugiados judíos sin preocuparse de que estos tuvieran la fuerte sensación de ser potenciales ciudadanos checos. Nuestro señor Cohn se trasladó entonces a Viena. Para adaptarse, era necesario un sólido e inequívoco patriotismo austriaco. La invasión alemana obligó al señor

Cohn a dejar el país. Llegó a París en mal momento y no consiguió el permiso de residencia. Como a estas alturas había alcanzado una gran maestría en el arte de la «piadosa ilusión», se negó a tomar en serio sencillas normas administrativas, convencido de que iba a pasar en Francia los próximos años. Por eso empezó a preparar su inserción en la nación francesa identificándose con «nuestro» antepasado Vercingétorix.[14] Creo que no es necesario demorarse en las posteriores aventuras del señor Cohn. Hasta que el señor Cohn no se decida a ser lo que es, o sea, un judío, nadie podrá predecir los alocados cambios a los que deberá enfrentarse.

Una persona que quiere liberarse de sí misma descubre, en efecto, las posibilidades de la existencia humana, que son infinitas, como infinita es la creación. Pero adquirir una nueva personalidad es tarea tan ardua —e ilusoria— como una nueva creación del mundo. Hagamos lo que hagamos, sea lo que sea que pretendamos ser, no hacemos más que revelar nuestro absurdo deseo de transformarnos, o sea, de no ser judíos. Todas nuestras actividades se orientan a alcanzar este objetivo: no queremos ser refugiados porque no queremos ser

14 La figura de Vercingétorix (ca. 82-46 a. C.), que intentó coordinar la rebelión de las tribus galas contra el invasor romano, se convirtió en el siglo XIX en el arquetipo del héroe nacional francés.

judíos; nos presentamos como hablantes de inglés porque los inmigrantes alemanes de los últimos años son catalogados como hebreos; no nos definimos apátridas porque, en el mundo, los apátridas son mayormente hebreos. No estamos dispuestos a devenir leales hotentotes solo para esconder que somos judíos.[15] No sabemos hacerlo y no lo sabremos, bajo las capas del optimismo se aprecia fácilmente la incurable tristeza de los asimilativos.

Con nosotros, los de origen alemán, la palabra «asimilación» ha adquirido un «profundo» significado filosófico. No podéis imaginar hasta qué punto la tomamos en serio. Asimilación no significaba la necesaria adaptación al país en el que nos había tocado nacer o al pueblo cuya lengua nos había tocado hablar. Por regla general, nos adaptamos a todos y a todo. Esta actitud me resultó muy clara una vez y gracias a las palabras de uno de mis compatriotas que, evidentemente, sabía expresar sus sentimientos. Apenas llegó a Francia, fundó una de aquellas sociedades de integración en las que los judíos alemanes se confirmaban mutuamente que ya eran franceses. En su primer discurso declaró: «Hemos sido buenos

15 «Hotentote» es el mote despreciativo, que quizá significaba «balbuceante», con el que los colonialistas holandeses, ocupantes del sur de África desde el siglo XVII, llamaron a los miembros de las tribus locales de los khoikhoi.

ciudadanos en Alemania y por eso seremos buenos franceses en Francia». El público aplaudió con entusiasmo y nadie se echó a reír, estábamos felices por haber aprendido a demostrar nuestra lealtad.

Si el patriotismo fuese un problema de rutina o una cuestión de práctica, seríamos el pueblo más patriota del mundo. Pero volvamos al señor Cohn, que batió todos los récords, sin duda. Él es el inmigrante ideal que, dondequiera que lo haya arrastrado su terrible destino, descubrirá y amará enseguida las montañas del lugar. Pero como el patriotismo no se considera todavía una cuestión de práctica, es difícil convencer a la gente de la sinceridad de nuestras reiteradas transformaciones. Este esfuerzo hace intolerante nuestra sociedad, exigimos el pleno reconocimiento de cada uno de nosotros, prescindiendo del grupo, porque no estamos en condiciones de conseguirlo de los indígenas. Ante extraños seres humanos como nosotros, estos empiezan a sospechar; desde su punto de vista sería incomprensible, por norma, ser leales solo al país de origen. Esto hace que nuestra vida sea muy amarga. Podríamos superar una sospecha de este tipo si estuviera muy claro que, siendo judíos, nuestro patriotismo tenía ya en nuestros países de origen un aspecto más bien especial. Y, sin embargo, era en verdad sincero y estaba profundamente enraizado. Hemos escrito imponentes infolios para demostrarlo, hemos pagado una burocracia integral para aclarar la antigüedad del patriotismo y explicarlo estadísticamente. Hicimos compilar eruditas disertaciones filosóficas sobre la armonía preestablecida entre franceses y hebreos, judíos y alemanes, judíos y húngaros, hebreos y… Nuestra lealtad, de la que tanto se duda hoy, tiene una larga historia. Es la historia de ciento cincuenta años de hebraísmo asimilado que ha llevado a cabo una empresa sin precedentes: hacer que los judíos, que no han dejado nunca de mostrar su propio no-hebraísmo, consiguieran seguir siendo judíos, no obstante.

La desesperada confesión de estos Ulises vagantes que, al contrario que su insigne prototipo, no saben quiénes son, se puede relacionar con el ansia perfeccionada con la que rechazan mantener su identidad. Tal ansia nace mucho antes del último decenio, durante el cual ha ido aflorando la completa absurdidad de nuestra existencia. Somos como esos que, obsesionados con una idea fija, no pueden evitar disimular continuamente un estigma imaginario. Por eso nos entusiasmamos con cualquier posibilidad que, al ser nueva y precisamente por eso, parece ser capaz de obrar milagros. Nos fascina la nueva nacionalidad como queda fascinada una mujer entrada en carnes ante un nuevo vestido que promete conseguirle la cintura soñada. Pero el nuevo vestido le gustará solo mientras crea en las cualidades milagrosas que tiene, y lo tirará a la basura apenas descubra que no modifica ni su estatura ni, muchos menos, su estatus.

Quizá pueda sorprender que, a pesar de la evidente inutilidad de nuestros extravagantes travestismos, no hemos sucumbido aún al desánimo. Si es cierto que los seres humanos pocas veces aprenden de la historia, es igual de cierto que podrían aprender de las experiencias personales, las cuales —como en nuestro caso— se repiten continuamente. Pero en lugar de tirar contra nosotros la primera piedra, recordad que ser judíos no nos confiere en este mundo estatus jurídico alguno. Si empezásemos a decir la verdad, es decir, que no somos más que judíos, acabaríamos por entregarnos al destino de aquellos seres humanos que, sin protección de una ley especial ni de convención política alguna, no son sino seres humanos. A duras penas consigo imaginar una actitud más peligrosa, visto que vivimos efectivamente en un mundo en el que los desnudos seres humanos como tales han dejado de existir desde hace tiempo. La sociedad ha encontrado en la discriminación el gran instrumento social de muerte que permite matar a las personas sin derramamiento de sangre: los pasaportes y las partidas de nacimiento, a veces hasta las declaraciones de renta, en lugar de ser documentos administrativos se vuelven elementos de discriminación social. Es verdad que estamos en buena parte sujetos a las convenciones sociales: si la sociedad no nos aprueba perdemos confianza en nosotros mismos. Estamos dispuestos —y lo estuvimos siempre— a pagar cualquier precio para ser aceptados por la sociedad. Pero es igualmente verdad que los poquísimos de entre nosotros que han intentado salir adelante solos, sin recurrir a todos los trucos y estratagemas para insertarse o asimilarse, han pagado un precio enorme por sus esfuerzos, además de haber puesto en peligro las pocas posibilidades que, en un mundo patas arriba, se les conceden incluso a los fuera de la ley.

La actitud de los pocos que, repitiendo las palabras de Bernard Lazare, podrían denominarse «parias conscientes», no nos acerca solo a acontecimientos recientes, del mismo modo que no lo hace el comportamiento de nuestro señor Cohn, que intentó por todos los medios convertirse en un *parvenu*.[16]

---

16   Bernard Lazare (1865-1903), periodista y escritor anarquista, intervino para defender al capitán Dreyfrus de las injustas acusaciones con el ensayo titulado *Une erreur judiciaire. La vérité sur l'affaire Dreyfus,* publicado en 1896. El mérito de Lazare, para Arendt, que veía en él un constante punto de referencia, fue haber aprendido la potencialidad política del paria consciente.

Ambos son hijos del siglo xx que, ignorando los fuera de la ley jurídicos o políticos, han conocido en cambio demasiado bien a los parias sociales y a sus contrarios, los *parvenus*.[17] La moderna historia hebrea, que empezó con los hebreos de corte y continuó con los judíos millonarios y filántropos, tiende a olvidar la otra tendencia de la tradición judía: la tradición de Heine, Rahel Varnhagen, Sholem Aleichem, de Bernard Lazare, Franz Kafka e, incluso, Charlie Chaplin. Es la tradición de una minoría de hebreos que no querían convertirse en *parvenus,* que preferían la condición de «paria consciente».[18] Las cacareadas cualidades judías —el «corazón hebreo», la humanidad, el humor, la inteligencia desinteresada— son cualidades del paria. Todos los defectos judíos —la falta de tacto, la estupidez política, los complejos de inferioridad y la avidez de dinero— son características del *parvenu.* Siempre hubo judíos convencidos de que no valía la pena cambiar la propia disposición humana y su natural perspicacia para entender la realidad con la estrechez de miras

17   El *parvenu* es el arribista, el nuevo rico que, a pesar de haber alcanzado rápidamente una condición social superior, tiene modales y actitudes que desvelan su estado precedente.

18   Paria: acepción europea de un término de origen tamil para significar, en el contexto hindú, que se está fuera de las castas; aquí se refiere al *outsider,* al extranjero, al forastero.

del espíritu de casta o la esencial irrealidad de las transacciones financieras.

La historia ha impuesto a ambos el estatus de fuera de la ley, a los parias no menos que a los *parvenus*. Estos no han aceptado la gran sabiduría de Balzac: *«On ne parvient pas deux fois»*.[19] Por eso no entienden los impetuosos sueños de los primeros y se sienten humillados si deben compartir su destino. Los pocos refugiados que insisten en decir la verdad, hasta el punto de caer en la «indecencia», a cambio de su impopularidad obtienen un provecho inestimable: la historia deja de ser para ellos un libro cerrado y la política ya no es un privilegio de los no judíos. Saben muy bien que a las persecuciones del pueblo hebreo en Europa les siguieron inmediatamente las persecuciones en la mayor parte de las naciones europeas. Los refugiados, expulsados de una tierra y de otra, representan la

19   En francés en el original: «No se puede alcanzar dos veces el mismo objetivo». H. de Balzac, *I segreto della principessa di Cadignan*, G. Guglielmi (tr.), M. Bongiovanni Bertini (pr.), Mondadori, Milán, 1998, p. 368. Hay edición española, *Los secretos de la princesa de Cadignan*, en *La Comedia humana. Volumen XII*, A. Garzón del Camino (tr.), Hermida Editores, Madrid, 2021, p. 498: «Sólo aquellos que tienen la conciencia de no ser nada por sí mismos manifiestan pesadumbre al caer, o murmuran y tornan sobre un pasado que no volverá jamás, adivinando bien que no se sube dos veces». Dicho de otra manera: el segundo intento ya no sirve.

vanguardia de sus pueblos, siempre que mantengan la identidad. Por primera vez, la historia judía no es diferente de la de otras naciones; al contrario, está estrechamente conectada con aquella. La armonía de los pueblos europeos se hizo añicos cuando se consintió que los miembros más débiles fueran excluidos y perseguidos.

DONATELLA DI CESARE*

Hannah Arendt y los derechos de los refugiados

1. Los acontecimientos de los últimos decenios confirman la profecía de Hannah Arendt: el número de refugiados en el mundo ha crecido de manera exponencial. Si se suman los apátridas, los solicitantes de asilo político, los desplazados intrafronterizos y los migrantes, el número aumenta vertiginosamente. Las cifras hablan de decenas de millones, pero pecan por defecto, pues el fenómeno escapa a las estadísticas oficiales. De este modo, parece tomar cuerpo un verdadero continente de personas que, fluctuando entre Estados, buscan la protección de una comunidad nueva para ellos.

Muchos han muerto en el intento de cruzar el mar o de superar las montañas. Los que consiguen llegar se ven con frecuencia rodeados por un mundo hostil en

*   Donatella Di Cesare (Roma, 1956) es profesora de Filosofía en la Universidad de La Sapienza, colabora con periódicos como el *Corriere della Sera* e *Il Manifesto* y ha publicado varios libros, algunos traducidos al español, como *El tiempo de la revuelta* (2021) o *El complot del poder* (2023).

el que la protección es un espejismo, la acogida un deslumbramiento momentáneo. Al pueblo de los refugiados se le «hospeda» provisionalmente en grandes campos, grandes a veces como ciudades, que se concentran fuera de las fronteras del mundo occidental.

Desde las periferias del planeta, desde la desolación y las guerras, del infinito arrabal de la miseria y de las persecuciones, el pueblo de los refugiados se mueve y cuestiona inevitablemente las fronteras del orden mundial. Contra este pueblo se yergue el Estado, el último baluarte del viejo orden político, del obsoleto *nómos* de la tierra. Parte de aquí el grave problema entre la soberanía estatal y el derecho a migrar, entre la ciudadanía delimitada por unas fronteras y una nueva ciudadanía en la que esté inserta la hospitalidad.

Desafiada su supremacía, el Estado ejerce con más violencia aún el soberano derecho de controlar las fronteras: discrimina, excluye, rechaza, niega y reafirma así su poder. Para tal empresa, llama a la unidad de la nación, recuerda la necesidad de defender las fronteras, hace sonar la alarma de la seguridad. Responden a la llamada los que dependen de la soberanía estatal, e incluso ciudadanos preocupados por seguir protegidos entre sus fronteras. No acuden a la llamada, en cambio, quienes creen que deben defender los derechos humanos de los refugiados. La polarización anima el debate político, enciende las calles. Y de aquí parten dos perspectivas opuestas: la «estadocéntrica» o nacionalista, que mira con recelo a quien viene de fuera como se mira a un elemento extraño, a un factor externo que acarrea problemas; la «extraestatal» o internacional, que toma partido por el refugiado. Y este es el profundo enfrentamiento que Arendt hizo patente, y fue la primera en hacerlo.

2. Quien ha sido obligado al exilio no pide circular libremente por el mundo, sino que espera llegar a un sitio donde el mundo pueda volver a ser común. No pretende unirse a los ciudadanos del mundo, pero espera poder cohabitar con los otros.

Migrar no es un simple proceso biológico. Migración no equivale a evolución. No basta con recordar que los humanos han migrado siempre, procedentes de África, y reivindicar para ellos una movilidad de género. Etimológicamente, el verbo «migrar», que no es sinónimo de moverse, significa «cambio» o, mejor dicho, el complejo intercambio de lugar, y remite al paisaje en el que se encuentra con el otro, un encuentro que, por razón del lugar, podría siempre acabar en enfrentamiento. Migrar es un acto existencial y político.

Se comprende entonces por qué, en la historia de la migración que intentamos rastrear aquí y allá, prevalecen las cesuras y los hiatos hasta el punto de hacer cuestionable la homogeneidad del fenómeno. Lo que distingue la migración en nuestros tiempos de la de tiempos precedentes no es solo, como se suele pensar, la intensidad, la frecuencia, la multiplicidad. Los acontecimientos modernos le han cambiado el alcance y el valor.

Es lícito, pues, distinguir entre las migraciones de los antiguos y las de los modernos. No faltaron en el pasado diferentes maneras de moverse por el mundo: nomadismo, conquistas militares, viajes de aventureros o fundación de las primeras colonias. Sea como sea, lo que se mueve es siempre el grupo: el individuo participa en una actividad colectiva. El modelo por antonomasia es la colonia griega, concebida como una polis de segunda categoría que, resultado de una expulsión, sigue vinculada con la madre patria. ¿Cómo explicar entonces las grandes personalidades de los exiliados políticos? Se trata de personajes extraordinarios que preludian la modernidad. Esto sirve también para el héroe viajero que encuentra expresión eminente en Ulises.

La migración antigua, que no tiene aún visos de nostalgia, reorganiza en otro lugar la misma vida que se llevaba en el anterior sin que el cambio de sitio tenga consecuencias en el yo y en su introspección. Por eso el carácter colectivo se impone incluso cuando el que se mueve es el individuo, que no deja de estar protegido, que no está expuesto a la vertiginosa espacialidad de la migración moderna.

Pero ¿cómo se pasa del exiliado moderno al refugiado actual? ¿Qué implica este paso? Estas son las preguntas que se hace Arendt. El fenómeno, en las formas y modos en los que se manifiesta hoy, está estrechamente vinculado con el Estado moderno. Solo si se considera el horizonte político de un mundo repartido entre Estados nacionales es posible analizar la crisis de los refugiados y abordar la cuestión de los derechos humanos.

3. Durante siglos, la filosofía ha preferido la permanencia en un lugar, la ha legitimado y ha compartido su perspectiva. Por eso levantó empalizadas y reforzó las barreras para dejar clara la diferencia entre dentro y fuera. Envuelto en una nube de silencio, dejado en la clandestinidad, relegado a la marginalidad, el extranjero raramente encontró una nueva ciudadanía. Solo de vez en cuando vemos una extravagancia que hace añorar el viejo respeto capaz de concederle al extranjero, al menos, un aura de misterio. Las pocas excepciones, con su ejemplaridad trágica, confirman la regla. El extranjero queda rigurosamente fuera de los límites de la polis y también de las fronteras del logos. Cuesta incluso pensarlo. Cuando la filosofía se concede el ambiguo privilegio de lo marginal, se mueve, como mucho, impulsada por el deseo (nunca satisfecho) de mirar lo exótico. No da el salto de lo marginal a la marginación, no va más allá del límite. La transversalidad aparece como algo amenazante y sospechoso. Entre omisiones, amnesias y cautelas acaba por avalar la visión del *statu quo*.

Aún hay más: el tema desaparece del horizonte filosófico a medida que emerge la relación conflictiva del extranjero con la nacionalidad. Los filósofos que hablan de ello, en tiempos de la modernidad, confirman por regla general el derecho de posesión, avalan la apropiación de la tierra, legitiman la división del mundo en Estados nacionales.

Solo Immanuel Kant se preocupa por garantizar, en un mundo cada vez más reducido, la «hospitalidad universal». La manera en la que se afronta, todavía hoy, el problema se remonta en el fondo a la relación entre posesión del suelo y posibilidad de transitarlo que Kant propuso en una célebre obra de 1795: *La paz perpetua*. Estas páginas, gracias a su visionaria profundidad, ejercieron una influencia extraordinaria. No es casualidad que la Convención de Ginebra de 1951, dedicada al estatus del refugiado, cuando enuncia el principio del *«non-refoulement»*, de «no devolución» o «no rechazo» en la frontera, tome casi al pie de la letra las palabras con las que Kant defiende que no se le niegue el ingreso al extranjero si hacerlo pudiera poner en peligro su vida. No se trata solo de filantropía, de un gesto ético, generoso y solidario. Kant eleva la hospitalidad a categoría jurídica y política al reconocerle al extranjero que llega a tierra de otros el derecho a no ser tratado hostilmente. Huésped no significa enemigo, esta es la advertencia lanzada contra la vieja idea que confundía al *hospes* con el *hostis,* fuente de tantos conflictos y tantas desventuras. No hay que amar ni odiar al extranjero, únicamente hay que respetarlo. Por otro lado, la hospitalidad no autoriza a robar y a esclavizar, la visita no debe ser el preludio de la conquista. Consciente de las maldades perpetradas por los europeos con la expansión colonial, Kant quiere, no obstante, salvaguardar el comercio, el intercambio y la comunicación que se llevan a cabo por mar y tierra. La conciliación de la soberanía del Estado con la libertad de los individuos parece haber llegado a buen fin.

Pero ¿qué le sucede al extranjero cuando le está permitido entrar en el país? Al extranjero, aceptado como huésped temporal, Kant le concede el «derecho de visita», pero no el de residencia.[20] Su suerte la decide el soberano. Aunque sea ya una perspectiva

20   I. Kant, *Per la pace perpetua,* R. Bordiga (tr.), S. Veca (pr.), Feltrinelli, Milán, 2004, BA 41, p. 65. Hay edición española, *La paz perpetua,* J. Abellán (ed. y tr.), Alianza, Madrid, 2022, p. 99.

cosmopolita, ningún derecho humano está contemplado fuera de los límites de la propiedad, que, además, derivan peligrosamente de públicos a privados. La hospitalidad, concedida dentro de las fronteras de la nacionalidad, sigue siendo el paisaje moderno que ha diseñado Kant.

4. En los años más oscuros del siglo XX, cuando la migración se convierte en un fenómeno de masas, quien da voz a los apátridas, a los refugiados, a los judíos europeos que parece que no pueden encontrar un sitio en el mundo, es una refugiada excepcional: Hannah Arendt.

Su ensayo de 1943 *Nosotros, refugiados* no es solo un testimonio existencial, es (ante todo) un manifiesto político que marca un antes y un después en las teorías de las migraciones.

Arendt ve en los refugiados a seres humanos carentes de protección política en busca de asilo, una figura no contemplada en la organización territorial de los Estados nacionales. No se trata, sin embargo, de limitarse a constatar la exclusión. Por el contrario, para Arendt, esta figura, en su extrañeza irreductible, anticipa un nuevo orden mundial, una nueva comunidad que está al llegar. La perspectiva tradicional va a cambiar: expulsados de no importa dónde, los refugiados no son una excedencia estéril, un descarte indeseable, sino que representan la vanguardia de los pueblos.

El punto de vista de Arendt es el de alguien que mira el mundo desde la orilla, desde la frontera donde los que huyen, desprotegidos, deben enfrentarse a la soberanía estatal. La cuestión de los derechos humanos se presenta entonces ineludible a la vez que la apatridia se convierte en el gran tema del nuevo escenario político.

Arendt fue la primera que reconoció la complejidad de un fenómeno inédito que, más allá de las fronteras europeas, por cantidad y proporción, iba a ser global. Reconstruyó las coordenadas históricas, marcó los nodos teóricos, planteó las cuestiones políticas decisivas. ¿Qué hacer con la masa de refugiados en un mundo dividido en Estados-nación?

No ha habido acontecimiento posterior a Arendt que no haya hecho aumentar aquella masa y multiplicar la categoría de los refugiados. Se añade a esto el rechazo de las naciones soberanas a aceptar en su seno a esta humanidad a la deriva.

Refugiados son aquellos que no pueden volver a casa y no consiguen encontrar una nueva. La novedad no consiste en haber sido expulsados, sino en no ser acogidos. De aquí nace la preocupación de Arendt por la suerte que le espera a la nueva especie humana que emerge del nuevo orden mundial: la de los «superfluos». Atrapados como cuerpos extraños entre fronteras nacionales, los refugiados aparecen como seres inútiles, desechos molestos. El Estado ejercita su soberanía recluyéndolos en lugares de estancia transitoria y en campos de internamiento, la única patria que el mundo sabe ofrecer a los parias de la humanidad.

Relegados a lugares apartados por ley, a las afueras de las metrópolis, en las zonas fronterizas de las naciones, los refugiados son entonces unos fuera de la ley, ilegales. Permanecer sin autorización en un territorio se convierte en un delito, demostración de que la ley del Estado tiene más fuerza y raíces más profundas que los derechos humanos. Cuando entra en contacto con la apatridia, con la ilegalidad que es solo falta de protección, la política encuentra sus propios límites y el Estado pone a los refugiados en manos de la policía, dotada de una soberanía excepcional.

Arendt afronta así el problema de la acogida: ¿cómo ofrecerles un lugar?, ¿cómo otorgarles derechos, a quienes, en una humanidad global, cada vez más organizada, acaban marginados, privados de la posibilidad de participar en un mundo en común?

Gracias a las directrices que ofrecen las páginas de Arendt se puede reflexionar hoy sobre el trascendental tema de la migración. Desde entonces, el escenario no ha cambiado e, incluso, las tensiones se han agudizado: mientras los Estados nacionales siguen discriminando y expulsando, aumenta el número y la extensión de los campos en los que acaban relegadas las vidas de los que huyen del marasmo inextricable de guerras, persecuciones, hambrunas, catástrofes ambientales, violencia.

No deja de sorprender que el ensayo de Arendt quedara olvidado durante mucho tiempo. Apenas provocó reacciones cuando fue publicado. No apareció en la antología de artículos editada en 1946, dos años después de la desaparición de la revista *The Menorah Journal*. Cuando el editor Ron Feldman lo volvió a publicar en 1978, el silencio fue igualmente ensordecedor. El ensayo se tomaba solo como un testimonio autobiográfico.

Aunque *Nosotros, refugiados* tiene hoy y por doquier la fama que merece, y ha alcanzado el valor de un clásico, aquellas ideas pioneras no han calado en el debate filosófico acerca de la migración. Si Arendt anticipaba lo que iba a pasar, la filosofía llegó con retraso y se adecuó a la opinión generalizada: ve hoy en el refugiado la figura que puede comprometer el orden establecido y asume por ello el deber o de legitimar la moralidad que subyace tras los tratados internacionales o de procurar las normas para gobernar los llamados «flujos migratorios». Como si se tratase de establecer los criterios selectivos para aceptar o rechazar, la acogida se ofrece solo según el dictado de una sedicente ética que debería mitigar o endulzar la dureza de una política que se prepara para levantar muros.

No faltan excepciones significativas, desde Jacques Derrida a Giorgio Agamben. Pero las líneas maestras de la política de la hospitalidad no bastan para que el asunto de los refugiados sacuda profundamente la filosofía: en la «vida desnuda», ante el empuje del poder soberano, las razones de la migración pasan a un segundo plano.[21] Por mucho que el drama de los refugiados se haya agudizado en los últimos años, sobre todo por culpa de las numerosas guerras, la filosofía parece obstinarse en no aceptar esta figura en su inventario. A partir del texto de Arendt es, pues, necesario volver a empezar, porque lo que no ha tenido continuación no son tanto sus intuiciones y sus advertencias como su enfoque político-existencial.

21   *Cfr.* J. Derrida, *Politiche dell'amicizia,* G. Chiurazzi (ed.), Cortina, Milán, 1995; G. Agamben, *Homo sacer. Il potere sovrano e la nuda vita,* Einaudi, Turín, 1995; *Idem, Mezzi senza fine. Note sulla politica,* Bollati Boringhieri, Turín, 1996. Hay ediciones españolas, respectivamente, como *Políticas de la amistad seguido de El oído de Heidegger,* Trotta, Madrid, 1998; *Homo Sacer. El poder soberano y la nuda vida,* A. Gimeno Cuspinera (tr.), Pre-Textos, Valencia, 1998; *Medios sin fin. Notas sobre la política,* Pre-Textos, Valencia, 2000.

5. Arendt estuvo siempre firmemente convencida de que una reflexión filosófica seria debía partir de la experiencia vital. Declaró repetidamente que no quería tener nada que ver con la abstracta historia de las ideas, en la que veía la deformación que había hecho aquiescentes al nazismo a pensadores e intelectuales.

La experiencia decisiva para ella fue la de una huida, atormentada y llena de riesgos, que empezó en 1933, cuando debió abandonar la Alemania nazi, y se prolongó hasta 1951, cuando finalmente le fue concedida la nacionalidad americana. Durante dieciocho largos años, los más difíciles de su vida, fue una judía alemana apátrida, obligada a sufrir la falta de derechos políticos, y también la ausencia de derechos humanos. Esta condición fue la base de su pensamiento filosófico.

El 27 de febrero de 1933, el edificio del Reichstag acabó envuelto en llamas. Hitler lo aprovechó para declarar el estado de excepción. Creció el terror y aumentó el número de detenciones arbitrarias. Incluso Arendt fue detenida por la Gestapo, que investigaba su actividad destinada a desenmascarar la propaganda nazi. Interrogada durante ocho largos días, fue excarcelada y huyó en compañía de su madre. Abandonaron Alemania sin documentación a través de la denominada «frontera verde», los bosques de

Erzgebirge. Hicieron escala en Praga, luego en Génova y luego en Ginebra antes de llegar a París.

No se había hecho ilusiones acerca de la suerte que les esperaba a los judíos en el Estado nazi. Al contrario que muchos, intuyó el peligro desde el principio. No cayó en la tentación de considerar la deriva antisemita una tragedia personal y consideró que, en cambio, hacía falta una acción política. Sin embargo, la marcó profundamente la actitud que de repente triunfó en los ambientes académicos. Más que en el miedo, se fundaba en el convencimiento. Martin Heidegger no fue el único que se afilió al nacionalsocialismo. Fueron muchos los que recibieron a Hitler con entusiasmo. Para Arendt, aquello fue un punto de inflexión: se prometió no volver a tener relación con semejante mundo académico ni con esa relación asfixiante con las ideas. Su compromiso intelectual adoptó maneras diferentes y se encaminó en otra dirección.

Medio millón de personas debieron abandonar Alemania en 1933. A todos se les había retirado la nacionalidad alemana. La mayoría eran judíos; no faltaban tampoco los exiliados políticos, como Thomas Mann. Más de veinticinco mil encontraron cobijo en Francia, aunque no fueron recibidos con los brazos abiertos. Agrupaciones de derechas (Action Française) fomentaban los prejuicios contra los extranjeros que, además de robar el pan a los franceses, podían acabar empujando a estos a la guerra. Sin olvidar que la vida de los prófugos era precaria: para poder trabajar hacía falta un permiso de residencia, pero para obtener un permiso de residencia era necesario demostrar que se tenía trabajo. «Se contraen deudas, se pasa hambre, se espera», apuntó Hans Sahl en una novela que describía cómo vivían.[22]

Arendt volvió a vivir en París con Günther Stern; aunque el matrimonio hubiera naufragado, oficialmente seguían casados. Se reencontró con los amigos de antaño, desde Anne Mendelssohn a Hans Jonas. Pero las condiciones de vida fueron muy difíciles para ella. Vivía en fondas, aceptaba trabajos a jornal. De vez en cuando, se concedía un largo paseo, casi un vagabundeo, por las avenidas y los bulevares de aquella metrópoli en la que un extranjero podía casi sentirse en casa. En aquel entonces conoció a Walter Benjamin, primo lejano de Stern, con el que no tenía mucha relación en París. Benjamin, a quien apodaba Benji, se convirtió en un punto de referencia para ella. En su casa, en el número 10 de la rue Dombasle, se reunían muchos refugiados, desde Eric Cohn-Bendit hasta Channan Klenbort. Vivían

<hr />

22 H. Sahl, *Die Wenigen und die Vielen. Roman einer Zeit,* Fischer, Frankfurt, 1959, p. 162.

la condición de apátridas de manera consciente, con la cabeza bien alta, sin encerrarse en sí mismos y sin buscar la asimilación a cualquier precio. Eran, en definitiva, como los llamó ella, los «parias» de la emigración. En aquel contexto se encontró con Heinrich Blücher, un comunista alemán que en 1919 participó en el Levantamiento Espartaquista *(Spartakusaufstand)*. Se casaron el 16 de enero de 1940, poco antes de que la Alemania nazi invadiera Francia.

No se entiende el pensamiento filosófico de Arendt acerca de los refugiados si no se tiene en cuenta su compromiso con diversas organizaciones judías que, desde la Jugend-Aliyah hasta la Jewish Agency, además de ayudar y socorrer a los judíos que seguían en territorios alemanes, se ocupaban de organizar la emigración. Fueron para ella, sin duda, un observatorio privilegiado. No se limitó a reflexionar sobre su condición de apátrida, sino que pudo, también, a través de dicho trabajo, tener una visión completa de los problemas y de las dificultades a las que se enfrentaban los refugiados, aquella humanidad a la deriva sin protección alguna.

Mientras tanto, la situación en Alemania empeoraba rápidamente. Tras la anexión de Austria, el Reich nazi se dejó de escrúpulos. En la noche del 9 al 10 de noviembre de 1938, la conocida como

«Noche de los cristales rotos», un pogromo devastador, se incendiaron sinagogas, las tiendas de los judíos acabaron destrozadas, las casas vandalizadas y saqueadas. Miles fueron asesinados, y muchos más fueron arrestados y deportados. Los sospechosos de tener «sangre judía», de acuerdo con las leyes de Núremberg de 1935, no tenían escapatoria. Arendt hubo de ocuparse de su madre, quien, a pesar de las dificultades, consiguió escapar y reunirse con Hannah en París.

La situación de los prófugos, de por sí penosa e inestable, se deterioró aún más cuando, el 3 de septiembre de 1939, Francia le declaró la guerra a Alemania. Los judíos alemanes, víctimas anteriormente de normas discriminatorias por el hecho de ser judíos, se convirtieron de repente en «extranjeros indeseados» por el hecho de ser alemanes. El 7 de septiembre se publicó un decreto que ordenaba a los hombres que fueran ciudadanos alemanes, o refugiados de «procedencia alemana», que se presentaran inmediatamente en los puntos de reunión indicados para ser luego repartidos por los campos de trabajo que sostenían la maquinaria de guerra francesa. Tras pasar por el estadio olímpico de Colombes, Blücher fue trasladado al campo de Villemalard, cerca de Nevers, al suroeste de París. Se trataba de un campo de internamiento, no comparable a los campos de trabajo organizados en la Alemania nazi.[23] Por mucho que los internos pudieran mantener contacto con el exterior, recibir ayuda, incluso paquetes con comida y ropa, las condiciones de vida eran pésimas. Arendt movilizó a sus conocidos y, al acabar el año, Blücher pudo volver a París. Acababa así una etapa, pero solo una, de su complicado exilio.

Cuando las tropas alemanas ocuparon Bélgica, la única respuesta de Francia fue volver a internar a los extranjeros. El 5 de mayo de 1940 apareció en todos los periódicos un anuncio según el cual el gobernador de París ordenaba no solo a los hombres, sino también a las mujeres entre los diecisiete y los cincuenta y cinco años de edad y procedentes de Alemania, presentarse en los puntos de reunión. A los «extranjeros enemigos» se les daban instrucciones detalladas. Debían llevar consigo comida para dos días, menaje personal, una manta y una impedimenta no superior a los treinta kilos. Arendt debió despedirse de la madre y de Blücher, a su vez llamado a un punto de reunión. Llegó con el metro al Vélodrome d'Hiver, o Vel d'Hiv, como era conocido.

El velódromo era un estadio enorme cubierto con una cúpula de cristal. Hacía mucho calor, pero el

---

23   «Nadie sabe qué se pretende de nosotros», escribió a Arendt en una carta de septiembre de 1939. *Cfr.* H. Arendt y H. Blücher, *Briefe 1936-1968,* L. Köhler (ed.), Piper, Múnich, 2013, p. 94.

trato era decente. Aunque no llegaran noticias del exterior, se rumoreaba cada vez con más insistencia que las tropas alemanas estaban cerca. Los nervios estaban a flor de piel, se sucedían las sirenas de las alarmas aéreas. Si las bombas hubieran caído en el estadio, las internas (la mayoría hebreas) no hubieran tenido escapatoria.

El 23 de mayo de 1940, después de casi dos semanas, se les comunicó a las mujeres que iban a ser trasladadas. En camiones atravesaron París, la ciudad en la que muchas habían vivido y que no esperaban volver a ver, recorrieron los márgenes del Sena, dejaron atrás el Louvre y llegaron a la Gare d'Austerlitz. Fueron cargadas en trenes dispuestos a propósito; llegaron a Gurs el 25 de mayo.

El de Gurs, cerca de los Pirineos, era el campo de internamiento francés más grande. Levantado en 1939 para acoger a los prófugos españoles y a los miembros de las Brigadas Internacionales que tras la Guerra Civil española tomaron el camino del exilio, en 1940 se convirtió en un campo para mujeres. En una gran extensión de tierra casi desértica, dividida en trece secciones cercadas con alambre de espino y ordenadas alfabéticamente, se construyeron más de trescientos barracones de madera. En un barracón se agolpaban entre cincuenta y sesenta personas: cada una tenía unos setenta y cinco centímetros a su disposición. Gurs podía acoger hasta veinte mil internas.[24]

Es fácil imaginar la confusión y el desconcierto de las mujeres reunidas en aquel lugar.[25] Aunque Gurs no era un campo de exterminio ni un campo de trabajos forzados, la vida era muy dura. Las condiciones higiénicas eran desastrosas, la comida extremadamente mísera. En los barracones se luchaba contra los piojos y las ratas; enfermedades como la disentería eran muy comunes. Cuando la lluvia se colaba por el techo de cartón, el suelo de arcilla se convertía en lodo. La fealdad del ambiente y la degradación del entorno ayudaban a hacer la vida brutal, invitaban a la dejadez y al abandono.

No eran, sin embargo, las condiciones externas las que suponían un obstáculo insalvable. Recuerda Susi Eisenberg-Bach:

24   Más documentación sobre el campo de Gurs en J. Weill, *Contribution à l'histoire des camps d'internement dans l'Anti-France,* Éditions du Centre, París, 1946; *Gurs, ein Internierungslager in Südfrankreich 1939-1943. Literarische Zeugnisse, Briefe, Berichte,* M. Philip (ed.), Institut für Sozialforschung, Hamburgo, 1991. *Cfr.* Gurs Transit Camp, www.jewishvirtuallibrary.org.

25   Habla de ello Hanna Schramm en su testimonio. *Cfr.* H. Schramm, *Menschen in Gurs. Erinnerungen an ein französisches Internierungslager (1940-1941), mit einem dokumentarischen Beitrag zur französischen Emigrantenpolitik (1933-1944) von Barbara Vormeier,* Heintz, Worms, 1977.

Insoportable, en la vida del campo, no eran para mí ni el colchón de paja ni la alimentación insuficiente, ni el fango en los días de lluvia, ni la fatigosa existencia en común con otras sesenta mujeres, y ni siquiera el alambre de espino que se veía por doquier. Insoportable era, sobre todo, la completa ausencia de futuro.[26]

Sensaciones parecidas aparecen en las memorias de otras mujeres que compartieron el internamiento con Arendt, desde Lisa Fittko hasta Käthe Hirsch. Muchas consiguieron evitar los campos de exterminio hitlerianos para acabar encerradas en campos de internamiento ordenados por aquellos que deberían haberlas salvado. El paradójico callejón sin salida en el que se debatían las sumía en la desesperación.

Arendt nunca habló demasiado de su internamiento en el campo, ni se demoró en los detalles. Quizá porque aborrecía la autocompasión, quizá porque una discreción sobria y severa fueron siempre una característica suya. Solo en tres puntos de su obra aparecen breves referencias, reflexivas y ponderadas, a aquella traumática experiencia. El primero, y más célebre, es el que aparece en el ensayo *Nosotros, refugiados,* donde los temas analizados son el suicidio y la desesperación. En los tristes días

26 S. Eisenberg-Bach, *Im Schatten von Notre Dame,* Heintz, Worms, 1986, p. 82.

del internamiento, aislada del mundo, entregada a sí misma, Arendt había tocado fondo y no encontraba las fuerzas necesarias para reaccionar. Lo confiesa en una amarga carta del 6 de agosto de 1952 a Kurt Blumenfeld, la segunda vez en la que hace referencia al campo:

> En general, va todo bien y, si la historia del mundo no fuese la porquería que es, vivir sería una alegría. Pero, en cualquier caso, así es. Tenía esta opinión incluso cuando estuve en Gurs, en donde me hice la pregunta seriamente, y me respondí con una ocurrencia chistosa.[27]

¿Suicidarse? Llegó a pensarlo. Pero para ella, que se esforzaba por interpretar la suerte individual en el marco de los acontecimientos públicos, el suicidio en una situación trágica como la que se vivía en el campo de Gurs hubiera sido un cómico gesto de profunda impotencia. Por eso animaba a las mujeres internadas para que entre ellas triunfara la obstinada voluntad de resistir. Así, podía pasar que algunos días se maquillaran cuidadosamente y se mudaran con los mejores vestidos para pasear entre los barracones como si estuvieran en un bulevar.

27   H. Arendt y K. Blumenfeld, *Carteggio 1933-1963*, S. Ragno y F. Consolaro (tr.), L. Boella (pr.), Ombre Corte, Verona, 2015, p. 73.

El recuerdo más explícito, el tercero, aparece en una reseña al libro de Bruno Bettelheim *Freedom from Ghetto* escrita para la revista *Mindstream* y publicada en 1962:

Estuve en Gurs cinco semanas (no dos días); nos internó como «extranjeras enemigas» el Gobierno francés cuando la guerra estaba a punto de acabar. Al poco de llegar al campo —que era un campo de concentración normal construido inicialmente para los soldados del ejército republicano español—, Francia fue derrotada y se cortaron las comunicaciones. En el caos subsiguiente, conseguimos a pesar de todo los documentos de liberación que nos permitieron salir del campo. En aquellos días, la clandestinidad no era necesaria en Francia todavía (la resistencia francesa se organizó mucho más tarde, cuando los alemanes decidieron reclutar franceses para realizar trabajos forzados en Alemania, tras lo cual muchos jóvenes se afanaron en escapar y organizaron el maquis). Ninguno de nosotros sabía «preconizar» qué destino les esperaba a las mujeres que seguían en el campo. No podíamos sino decirles lo que pensábamos que iba a pasar: el campo sería entregado a los alemanes vencedores. (De un total de siete mil mujeres, solo unas doscientas lo abandonaron). Y fue lo que sucedió. Pero como el campo estaba situado en lo que luego fue la Francia de Vichy, sucedió algunos años después de haberlo previsto. El retraso no sirvió de ayuda a las internas. Tras algunos días de caos, las cosas se normalizaron de nuevo y la fuga se hizo casi imposible. Habíamos previsto incluso este regreso a la normalidad. La nuestra fue una ocasión única, pero significó tener que salir de allí con poco más que un cepillo de dientes, pues no había medios de transporte.[28]

Las cosas fueron como las cuenta Arendt. A pesar del alambre de espino, las noticias llegaban al campo. A mediados de junio se supo que las tropas alemanas habían ocupado París y avanzaban hacia el sur, donde se había fundado la denominada República de Vichy. Francia pasó en pocos días de ser enemiga acérrima de Alemania a ser aliada del régimen nazi.

El pánico se extendió rápidamente en el campo. Incluso los guardianes estaban desorientados. Como en otros campos, también en Gurs se relajó la disciplina, las órdenes se desobedecían. Y, en la confusión, algunas mujeres intuyeron la urgencia de actuar y planearon una acción arriesgada: entraron en el despacho del director, robaron formularios de licencia y falsificaron la firma del comandante. Con los documentos se alejaron del campo sin problemas.

28 «Comments by Steven Schwarzschild and Hannah Arendt, and a reply of Bruno Bettelheim», en B. Bettelheim, «Freedom from Ghetto Thinking», en *Midstream,* 8.2 (1962), pp. 84-88 (87).

Una vez más, Arendt tuvo suerte. El campo volvió a la rígida disciplina días después. La evasión se convirtió en algo impensable. Con las nuevas leyes antisemitas impuestas por el armisticio, las autoridades francesas debían entregar al Reich a los prófugos judíos. Entre 1942 y 1943, las internas que consiguieron sobrevivir a las terribles condiciones de Gurs fueron deportadas a Auschwitz.

Aquella región a los pies de los Pirineos franceses estaba llena de refugiados procedentes del norte en busca de la última vía de escape. Utilizaban senderos y caminos no controlados, entre bosques, con miedo a ser detenidos. Muchos iban indocumentados. De vez en cuando se refugiaban en pueblecitos pintorescos, donde encontraban restos de humanidad hospitalaria, antes de encaminarse hacia Marsella, el único puerto de mar que no estaba en manos de los alemanes.

En la autobiografía *Escoria de la tierra,* escrita tras llegar a Londres en 1941, Arthur Koestler repasa los dramáticos momentos por los que pasaron los exiliados —judíos, antifascistas, indeseables— obligados a una expatriación clandestina. Detenciones y suicidios fueron el destino de muchos de ellos. Europa vomitaba el envenenado contenido de su estómago a grandes bocanadas, el último puerto. Y la espuma de los refugiados, aplastada y rechazada, pasaba por allí para desembocar en el mar. En una página de las memorias, fechada el 6 de julio de 1940, Koestler describe las mujeres que huían de Gurs, a las que se unió cerca de Navarrenx:

> Vi a varias *emigrés* alemanas anteriormente internadas en el campo de concentración de Gurs, a unos seis kilómetros de distancia. Han sido puestas en libertad y no saben adónde ir ni qué hacer. Hablé con una de ellas en un café; me dijo que estaba enviando telegramas a todos los campos de concentración de la zona libre, tratando de hallar a su esposo. Rezaba para que no estuviera en territorio ocupado.
>
> Cientos de mujeres en su misma situación están viviendo en Castelnau; la población las llama *«les Gursiennes»*. Los campesinos les alquilan habitaciones en Navarrenx, Sus, Géronce y demás aldeas de alrededor, o les dejaban trabajar en sus campos *au pair*. Parecían mal alimentadas y exhaustas, pero pulcras. Todas llevaban turbantes *à la mode:* un pañuelo de colores enrollado a la cabeza.[29]

Arendt escapó sola del campo y sola quiso ponerse en marcha. Lisa Fittko la encontró por casualidad mientras caminaba por los campos y le propuso

29 A. Koestler, *La schiuma della terra,* N. Conenna (tr.), U. Berti Arnoaldi (ed.), G. Sofri (pr.), Il Mulino, Bolonia, 1989, p. 191. Hay edición española, *Escoria de la tierra,* R. A. Jiménez (tr.), Ladera Norte, Madrid, 2023, p. 233.

caminar juntas, pero ella se negó.[30] Se había fijado como meta Montauban, punto de encuentro de los prófugos, donde podría recibir ayuda de muchos amigos, de los Klenbort a los Cohn-Bendit, reunidos allí desde hacía tiempo. Sobre todo, esperaba tener noticias de Blücher.

Pero hoy sabemos que, mientras recorría aquellos casi doscientos kilómetros, hizo etapa en Lourdes con la intención de encontrarse con Walter Benjamin. En una carta a Gershom Scholem del 17 de octubre de 1941, lo explica así:

Cuando yo salí de Gurs a mediados de junio, también fui a Lourdes por casualidad y me quedé ahí varias semanas por iniciativa de él. Era el momento de la derrota; pocos días después ya no circulaban los trenes; nadie sabía dónde habían quedado familias, hombres, niños o amigos. Benji y yo jugábamos al ajedrez de la mañana a la noche y en las pausas leíamos el periódico, si lo había.[31]

30 *Cfr.* L. Fittko, *La via dei Pirenei,* S. Reina (tr.), Manifestolibri, Roma, 2000, p. 66. Hay edición española, *Mi camino a través de los Pirineos,* J. Gómez Sáez (tr.), ContraEscritura, Hospitalet de Llobregat, 2022.

31 H. Arendt y G. Scholem, *Der Briefwechsel. 1939-1964,* M. L. Knott y D. Heredia (eds.), Jüdischer Verlag im Suhrkamp, Berlin, 2010, p. 17. Hay edición española, *Tradición y política. Correspondencia (1939-1964),* L. Maeding y L. Silos (trs.), Trotta, Madrid, 2018, p. 45.

Benjamin había conseguido subir a uno de los últimos trenes que salieron de París y llegó a Lourdes el 14 de junio. También él esperaba un visado. Theodor Adorno y Max Horkheimer, del Institut für Sozialforschung (Instituto de Investigación Social), exiliados en Estados Unidos, buscaban la manera de sacarlos de aquella trampa. A comienzos de julio, tras muchas dudas, sin haberse decidido a llevarse con ella a Benjamin, que es seguro que no compartió la decisión, Arendt se puso sola en camino con la intención de dar con Blücher: *«à la recherche de mon mari perdu».*[32]

La suerte, de nuevo; y también el instinto. A pie o haciendo autostop, Arendt llegó finalmente a Montauban. Además de encontrarse con viejos amigos, entrevió un día la imagen de Blücher entre los prófugos que se encaminaban a la ciudad. Alquilaron un pequeño apartamento, un lugar de reposo en el que recuperar fuerzas y reorganizarse. En octubre, se les unió Martha Arendt. Pero la situación se hacía cada día más peligrosa. El Gobierno de Vichy estrechaba el cerco en torno a los judíos que, según las nuevas leyes, debían ser fichados en las prefecturas y luego internados. Arendt y Blücher, que intuyeron los riesgos que corrían, multiplicaron los viajes en

32 *Ibidem.*

bicicleta a Marsella con la intención de conseguir un visado. Finalmente, lo consiguieron, aunque también entonces hubieron de recurrir a la astucia y a la habilidad para evitar las insidias de la policía francesa. Se había puesto en funcionamiento en Marsella el Emergency Rescue Commitee, una organización de ayuda dirigida por Varian Fry, un periodista de Nueva York que tenía el cometido de sacar de allí a todos los intelectuales, escritores y artistas judíos que fuera posible. Pero el cupo era limitado, los procedimientos burocráticos extraordinariamente complejos, los tiempos de espera largos y extenuantes. Pocos fueron los «salvados», como Marc Chagall; muchos los «hundidos», como Walter Benjamin. El 20 de septiembre de 1940, Arendt vio por última vez a su querido amigo, que por aquel entonces ya tenía la intención de intentar una huida ilegal a través de los Pirineos. Seis días después, Benjamin se suicidó en Portbou, en la frontera que separaba Francia de España.

Se hizo patente entonces que a los judíos europeos, prohibidos, despojados de nacionalidad, expulsados del núcleo político de las naciones, no les quedaban más oportunidades, ni siquiera como seres humanos. De más de mil solicitudes presentadas en aquellos caóticos meses, entre agosto y octubre de 1940, se aceptaron poco más de doscientas. Arendt y Blücher estuvieron entre los elegidos y obtuvieron los ansiados visados. Tuvo, sin duda, un papel importante la ayuda que les prestó Günther Stern desde Estados Unidos y la consideración de la que gozaba Arendt, que había trabajado para las organizaciones hebreas de refugiados. Quedaban solo por cerrar unos detalles antes de conseguir el billete de barco y, antes, los permisos de paso por Francia y España. Aprovecharon una cierta relajación de las reglas de expatriación para llegar en tren a Lisboa, donde hubieron de esperar aún unos meses.

Zarparon finalmente hacia Nueva York, a donde llegaron el 22 de mayo de 1941. Fueron registrados en Ellis Island en la lista de pasajeros extranjeros con la etiqueta *stateless*, apátridas. Un día después, Arendt envió un telegrama a Stern: «23 mayo 1941 11:20 - Salvos. Y aquí estamos, vivimos en 317 West 95th Street - Arendt». La madre se unió a ellos unas semanas después. Los primeros meses recibieron la ayuda de la organización Self Help for Refugees.

6. Dos años después de llegar a Nueva York, Arendt escribió *We Refugees,* que se publicó en *The Menorah Journal,* una revista dirigida a los judíos estadounidenses de mente abierta pero alejados, alejadísimos, del contexto europeo y, en buena parte, desconocedores de lo que allí se perpetraba. Aunque no dominaba con desenvoltura el nuevo idioma, Arendt decidió redactar el ensayo en inglés. Y es posible que, a pesar de no dominarlo, lo escribiera de golpe, tanto por la consolidada costumbre de escribir como porque se trataba de temas sobre los que llevaba mucho tiempo reflexionando. Quería articular su experiencia y, a la vez, hacer oír la voz de los refugiados.

De aquí el *pathos* existencial que impregna el texto y la profunda impronta de denuncia política. El estilo es amargo, implacable, irónico.[33] Agudeza y melancolía se mezclan sabiamente mientras del complejo lirismo de la prosa emergen los rasgos de la nueva figura sobre la que llama la atención.

La perspectiva de Arendt no es la de los residentes que, con una mezcla de temor y de disgusto, miran, desde el interior de la comunidad a la que pertenecen, a los recién llegados. Su punto de vista es el opuesto: Arendt es la primera que, definiéndose desde el principio una refugiada, considera la cuestión desde la posición de los refugiados, es decir, fuera del Estado, más allá de los límites del derecho.

Esta es la razón del narrador plural («nosotros») que, en las primeras líneas, une su destino al de

33 *Cfr.* L. Stonebridge, «Refugee Style. Hannah Arendt and the Perplexities of the Rights», en *Textual Practice,* 21.1 (2011), pp. 71-85.

todos aquellos que, una vez salvados, buscan con ansia cobijo, firmemente decididos a insertarse en la nueva patria. Emotivamente involucrada, Arendt evita, sin embargo, tanto la autocompasión como las asechanzas de una fusión identitaria. Se aleja entonces del «nosotros» y adopta el «yo» de la primera persona que le permite no solo criticar las decisiones y aspiraciones de los exiliados, sino también asumir la responsabilidad que implican sus reflexiones. El cambio de pronombre no es, sin embargo, solo una advertencia lanzada contra la construcción apresurada de un nuevo «nosotros» compacto, aunque sea el de los excluidos. Arendt ondea, fluctúa y pasa del «nosotros» al «yo» dejando entrever que no quiere adoptar una posición inamovible, que no hay un pronombre fijo para quienes no tienen un lugar fijo en el mundo.

Por eso el ensayo, lejos de ser un monólogo, escenifica el drama que se desarrolla entre el «vosotros» de los ciudadanos que sospechan, el «nosotros» de los recién llegados dispuestos a todo para ser asimilados, el «yo» que se pregunta si hay otra manera de poder decir «nosotros» que mantenga la extrañeza. Y, por último, lo encuentra en la actitud de unos pocos (*few refugees*) que, en lugar de rechazar la condición de exiliados, la marginalidad, la asumen reivindicando abiertamente su condición. A ellos se refiere el *We Refugees* del título. Es el punto culminante del ensayo: los refugiados representan «las vanguardias de sus pueblos». No el remanente asimilable del pueblo hebreo, sino la única figura en la que puede adivinarse una comunidad política que está por llegar.

7. Ya en los primeros compases, Arendt se pregunta acerca del valor de la palabra «refugiados» con la que se define a los judíos europeos que han conseguido librarse del exterminador engranaje nazi. Esta etiqueta provoca, de hecho, desasosiego y vergüenza. Los recién llegados preferirían otras palabras más sobrias y genéricas.

En muchas fuentes aparece claramente que, durante el «éxodo intelectual» de Alemania hacia Estados Unidos, entre 1933 y 1945, los que huían se autodenominaban sencillamente *Emigranten*.[34] En esta coyuntura, los significados empiezan a intercambiarse y las palabras se vuelven fluctuantes. Se debe entrever en esto no solo el carácter artificial de las etiquetas, sino también el tejido de figuras diferentes que, si en algunos aspectos se suceden, en otros se entrecruzan y se superponen.

34   Cfr. *Exil, Wissenschaft, Identität. Die Emigration deutscher Sozialwissenschaftler 1933-1945,* I. Srubar (ed.), Suhrkamp, Frankfurt, 1988.

El refugiado, ¿se parece más al exiliado o al emigrante? Es la pregunta que Arendt se hace. Otros también reflexionaron sobre la nueva condición del refugiado, sobre la vida ofendida que poco tiene en común con la épica del opositor heroico, tenaz e inflexible en la lucha contra el poder. En suma: el nuevo refugiado no es el exiliado de otros tiempos, perseguido por sus actividades políticas, pero también admirado como emblema de la disidencia, que provoca simpatía y por quien se moviliza la solidaridad. En los primeros años del siglo XX, la imagen del exiliado, sobrepasada por las oleadas de las grandes migraciones, se resquebraja, se descompone y deja paso a una multiplicidad de figuras que las numerosas etiquetas que se le aplican solo definen parcialmente. Exiliados, proscritos, fugitivos, prófugos, *displaced persons,* refugiados, solicitantes de asilo, migrantes…; la lista se amplía aún hoy con palabras más o menos discriminatorias, diferentes en las diferentes lenguas y crece a medida que afloran aspectos inéditos en el poliédrico universo de la migración. El exiliado y el refugiado solo tienen en común el exilio. Por lo demás, a pesar de un lejano aire familiar, las diferencias son grandes y profundas. Arendt lo subraya claramente: los refugiados judíos no pueden gloriarse de acciones de protesta, ni mucho menos argumentar que tienen opiniones políticas radicales. ¿Por qué, pues, se han visto obligados a pedir asilo? ¿Qué quiere decir «asilo», una institución que, además de ser ambigua, sugiere la idea de que quien lo recibe ha cometido, si no un crimen, cuando menos una acción reprensible?

Arendt ve en los refugiados una nueva figura sin precedentes. Sin tener culpa alguna, por el simple hecho de ser judíos, han sido obligados a una huida incesante, inexplicable a sus ojos. No saben explicar por qué han perdido de repente todo lo que tenían, la casa, el trabajo, el idioma; y tampoco por qué han tenido que dejar amigos y parientes en el gueto o en los campos de exterminio. Tras haber sido salvados, incluso más de una vez, han empezado a vivir de nuevo olvidando deprisa el pasado, imaginando que su existencia precedente no había sido más que un largo exilio, convenciéndose de que solo en la nueva patria iban a poder sentirse finalmente en casa. No es así, y la huida los atenaza. No consiguen escapar de la condición de excluidos que los hace sentirse extraños incluso en las comunidades hebreas que los acogen después de mucho navegar. Piden refugio sin poder justificar la razón. La vergüenza de haberles sido negado cualquier vínculo se hace insoportable para muchos de ellos; los suicidios están a la orden del día.

No se trata solo del desconcierto que, minada a fondo la existencia humana, aflora en tiempos de la técnica planetaria. Tampoco se trata de reconstruir sencillamente vidas arruinadas, de recomponerlas y de volver a atar los cabos sueltos. Más allá de los dramas existenciales individuales es necesario reconocer el fenómeno político.

La vida de los refugiados no solo ha sido destrozada, ha sido perseguida o prohibida, expulsada hasta los arrabales de la polis, fuera del mundo en común y compartido, un sitio donde es grotesco seguir hablando de patria. Es una vida que sobrevive fuera de la historia, carente de vínculos, despojada de relaciones, no tanto alienada como «a-mundana» o, si se prefiere, «a-cósmica». Pero como dice Aristóteles, el ser humano es un *zôon politikón,* animal de la polis. ¿Quién podría vivir expulsado de ella? Es el tema que afronta Arendt. La novedad es que los judíos refugiados no han sido expulsados de una única nación. Su exclusión es mucho más profunda y totalmente inédita: no hay lugar para ellos en el mundo. Son indeseados e indeseables; el mundo no sabe qué hacer con ellos. Y así es como la historia contemporánea ha creado una «nueva especie de seres humanos», aquellos que los enemigos llevan a campos de concentración y los amigos recluyen en campos de internamiento.

Aunque horrorizada por el abismo intuido, Arendt no se echa atrás. Comprende que la condición de los refugiados judíos, destinada a extenderse, preludia la de los apátridas.

8. No sorprende que los judíos arrojados a los márgenes del mundo, relegados a los confines de la historia, desconocedores de la superfluidad a la que han sido condenados, oscilen peligrosamente entre la ingenua esperanza de la asimilación y la trágica desesperación que los lleva al suicidio. La alternativa se consuma con la anulación de uno mismo: o eliminar lo que se es o suprimir la vida.

Por mucho que Arendt sea severa en sus juicios, sabe bien que es humano buscar atajos, sobre todo cuando no se tiene un lugar en el mundo. Sin embargo, no puede dejar de denunciar la alternativa en la que se debaten la mayor parte de los refugiados.

El alto número de suicidios entre los «salvados», la generalizada familiaridad con la muerte que abruma vidas que penden de un hilo, puede ser atribuido solo a un optimismo enfermizo. Hay algo que no acaba de funcionar en esos extraños optimistas que, de repente, abren el gas o utilizan un rascacielos de manera poco convencional. Se podría afirmar que el ensayo de Arendt es también una reflexión sobre el suicidio, en el que pensó mientras estuvo en Gurs, el suicidio que cumplió Benjamin y tan frecuente fue entre los emigrados. En el nuevo contexto, incluso el suicidio ha cambiado. No es la suprema garantía de la libertad humana, como pretendían los filósofos antiguos, es solo el silencioso modo de abandonar una existencia que, ya excluida del mundo, no ha encontrado otra respuesta a sus problemas que no sea una solución violenta. El suicidio es la última y desesperada vía de escape.

Arendt volvió a tratar este argumento más adelante y repetidas veces. Había quedado profundamente impresionada por la historia del poeta polaco Tadeusz Borowski, quien, superviviente en Auschwitz y luego en Dachau (de donde fue liberado el 1 de mayo de 1945), se suicidó en 1951, con apenas veintiocho años, abriendo la espita del gas en su casa de Varsovia. Borowski había reflexionado sobre el papel ambiguo de la esperanza puesta no en un mundo mejor, sino en la mera supervivencia.

> Nunca antes en la historia de la humanidad la esperanza fue más fuerte que el hombre y, sin embargo, nunca antes devino un mal tan grande como con esta guerra, en este campo de exterminio. Nos ha sido enseñado que no debemos renunciar a la esperanza, nunca, y es por ello que hoy morimos en las cámaras de gas.[35]

35   T. Borowski, *This Way for the Gas, Ladies and Gentlemen* [1946], Penguin, New York, 1992, p. 122.

Arendt retoma la idea para explicar que muchos judíos no opusieron resistencia.[36] Esperanza y miedo fueron siempre los archienemigos del pueblo judío. No solo en los campos de exterminio la experiencia se había demostrado destructiva al impedir la acción. Por eso el optimismo podía ser devastador y convertirse en un pesimismo igual de ciego. No es una casualidad que una consideración muy semejante dé pie a las primeras páginas de *Los orígenes del totalitarismo.*[37]

Con todo, muchos de los que encontraron refugio en Estados Unidos siguieron en una especie de limbo temporal. Habían olvidado el pasado para proyectarse en un futuro individual, no el inquietante que contaban los periódicos, sino el vaticinado por el horóscopo. De este modo, acabaron por recluirse en un presente enmarcado por el optimismo asimilador y la desesperación suicida, las dos caras de la misma moneda. Aun a riesgo de hacerse impopular, Arendt interviene para hacer patente el error:

36 *Cfr.* H. Arendt, «L'annientamento di sei milioni di persone» [1964] en Id., *Politica ebraica,* R. Benvenuto, F. Conte, A. Moscati (tr.), Cronopio, Nápoles, 2013, p. 262.

37 *Cfr.* H. Arendt, *Le origini del totalitarismo,* A. Guadagnin (tr.), A. Martinelli (pr.), con un estudio de S. Forti, Einaudi, Turín, 2009, prefacio a la primera edición, p. lxxx. Hay edición española como *Los orígenes del totalitarismo,* G. Solana (tr.), Alianza Editorial, Madrid, 2022.

el vano intento de interpretar los acontecimientos en términos de destino individual. Solo una interpretación política de semejante catástrofe comunitaria podría ofrecer una salida. Arendt quiere una respuesta en el mundo y en la historia.

En este sentido, *Nosotros, refugiados* es un texto programático lleno de conexiones, en el que, por un lado, se retoman libros y ensayos anteriores, como *Rahel Varnhagen. La vida de una mujer judía* y, por el otro, anticipa los siguientes, como *Los orígenes del totalitarismo* y *Eichmann en Jerusalén*.

Con anterioridad, Arendt tuvo que reflexionar muchas veces sobre el antisemitismo que, sufrido en primera persona, se negaba a considerar como mero odio a los judíos. Por lo tanto, no sorprende que critique polémicamente la asimilación, representada de manera ejemplar por el señor Cohn, el judío de Berlín, el «superpatriota alemán» que, después de 1933, estaba listo para convertirse rápidamente en un 150% praguense, un 150% vienés y, finalmente, en un francés perfecto.

El señor Cohn es el «inmigrante ideal» que, dondequiera que lo lleve el destino, «ve y ama las montañas del lugar». A pesar de todos los esfuerzos por borrar su judaísmo, a los ojos de los demás sigue siendo judío. Grotescamente, se engaña a sí mismo y cree poder encontrar una vía de escape por sí mismo, adaptándose siempre que sea necesario a una nueva nacionalidad. Bajo la coraza de su optimismo se esconde, sin embargo, la incurable tristeza del *parvenu.*

El retrato del señor Cohn resume la dramática historia de la asimilación que hizo implosionar el hebraísmo alemán. Por eso Arendt no dejará de denunciar nunca la llamada «cuestión judía», la *Judenfrage,* nacida no por casualidad en la época de la Ilustración, cuando se les reconoció la igualdad a los judíos europeos. Igualdad de derechos: esta es la emancipación. Pero entonces se les pidió a los judíos que, para convertirse en ciudadanos de una nación, dejasen de ser judíos. ¿Abandonar el judaísmo? Quizás sería posible si fuera una religión, como el cristianismo; pero ser judío históricamente también significa ser parte del pueblo judío. Si el judaísmo parece ser indefinible, los judíos son vistos bien como un interrogante, bien como un problema por resolver.

Es el «mundo no judío» el que plantea la *Judenfrage,* la cuestión de la irreductible extrañeza de los judíos, que las naciones europeas habían afrontado de diferentes maneras y con diferentes resultados y que, en Alemania, condujo a la *Endlösung,* la «solución final».[38]

38 *Cfr.* H. Arendt, *Illuminismo e questione ebraica,* A. Moscati (tr.), Cronopio, Nápoles, 2009.

Frente al antisemitismo moderno, más ladino, pero no menos violento, el camino de la integración, tomado por los *parvenus,* se revela un fracaso absoluto. Es posible tomar el camino opuesto, el elegido por el paria, que prefiere conscientemente la marginalidad. Arendt defiende así la «tradición oculta» del judaísmo que desde Heinrich Heine llega hasta Franz Kafka o incluso hasta Charlie Chaplin. Ya había hablado de ello al construir la biografía de Rahel, la «pequeña Levin», que en Berlín a finales del siglo XVIII había disfrutado de la peculiar ciudadanía única en la extraterritorialidad de los cenáculos intelectuales. En aquellos espacios de libertad, ahistóricos, se intentó inventar nuevas formas de vida, anticipar el futuro, tantear la realidad de las igualdades prometidas. Indefensa y rebelde, perseguida por la mala suerte y obsesionada por el peso de una autenticidad imposible, oscilando continuamente entre la aquiescencia del *parvenu* y la rebelión del paria, «sin patria ni morada en el mundo en las que encontrar refugio», Rahel acabó por convertirse en una virtuosa de la pasividad.[39]

39   H. Arendt, *Rahel Varnhagen. Storia di un'ebrea,* L. Ritter Santini (ed. y tr.), il Saggiatore, Milán, 2016. Hay edición en castellano como *Rahel Varnhagen. La vida de una mujer judía,* El cuenco de plata, Buenos Aires, 2021.

En la figura de Bernard Lazare, Arendt reconoce al «paria consciente», capaz de reivindicar el acosmismo hebreo, la *Weltlosigkeit,* la falta de mundo que acompaña a un sentido de humanidad mucho más profundo. Aunque el acosmismo podría ser fatal para el pueblo judío, Lazare indicó la posibilidad de llevarlo al espacio público, insertar abiertamente «la cuestión judía en el debate político».[40] Simultáneamente fuera y dentro de la polis, extranjero y ciudadano, el paria es en los compases finales del ensayo el *alter ego* del refugiado, el preludio de su redención política.

9. La cuestión de los refugiados judíos adquiere contornos más precisos cuando, ya a la sombra del Holocausto, Arendt escribe las páginas quizá más leídas y discutidas de *Los orígenes del totalitarismo,* las dedicadas a los refugiados de todo el mundo. El destierro del pueblo judío en Europa solo había anunciado y prefigurado el fenómeno masivo de los apátridas.

Arendt recurre a una imagen imborrable. Desde que los Estados-nación se repartieron el planeta, ha ido creciendo entre una frontera y otra la «escoria de la tierra», que puede ser pisoteada impunemente y que, a pesar de ello, no deja de fluctuar y de

---

40   H. Arendt, *L'ebreo come paria. Una tradizione nascosta,* F. Ferrari (ed. y tr.), Giuntina, Florencia, 2017, p. 33.

crecer.[41] La escoria son los sin techo, los apátridas, los refugiados, atrapados entre las fronteras nacionales, que aparecen como desechos molestos, cuerpos extraños, seres indeseables. No se prevé ningún lugar para ellos en la organización del mundo. Ha nacido una nueva especie humana: los «superfluos».

Todo comenzó con la Primera Guerra Mundial, cuando se desmoronaron los grandes imperios que reunían a varias naciones: los imperios austro-húngaro, ruso y otomano. La estructura demográfica y territorial de Europa central y oriental se vio alterada. De los tratados de paz nació un nuevo orden formado por Estados nacionales que, al carecer de homogeneidad, debían imponer una estructura, y lo hicieron cada vez con más fuerza. Enormes masas cambiaron de lugar en poco tiempo: un millón y medio de rusos blancos, un millón de griegos, setecientos mil armenios, cientos de miles de húngaros, rumanos, alemanes. Pero una complicación imprevista fueron las llamadas «minorías nacionales» que no habían podido ser acomodadas en el nuevo orden. Los *Minority Treaties,* los tratados que se suponía debían protegerlos, resultaron ineficaces. Era el preludio de un problema que se agravó en el

41   H. Arendt, *Los orígenes del totalitarismo,* edición española citada, p. 386.

periodo de entreguerras, cuando el nazismo en Alemania y la Guerra Civil en España contribuyeron a aumentar el número de refugiados. El intento de adecuar las fronteras de los Estados europeos con los pueblos que formaban las naciones trajo consigo una profunda contradicción: la imposibilidad de garantizar los derechos de quienes no eran ciudadanos de una nación. Lo cual resultaba paradójico, dado que quien acababa condenado a la apatridia, privado de los derechos que garantiza la ciudadanía, era quien necesitaba más defensa y protección.

Provocada y a la vez rechazada por el Estado nacional, la apatridia se convierte para Arendt en el gran tema político de la modernidad. Si el derecho internacional tiende a distinguir entre apátridas y refugiados, distinciones a menudo artificiales, Arendt habla en cambio de la apatridia masiva que corre el riesgo de convertirse en una condición definitiva y global.

Si antes, en las superestructuras imperiales, los *Heimatlosen,* los «sin lugar», podían llegar a ser tolerados, más adelante, con la organización del mundo en familias de naciones, aquella figura, impregnada de un aura romántica, da paso a la de los apátridas, a los sin Estado, al *stateless,* que es también *rightless.* El apátrida no es *national,* no pertenece a la nación por nacimiento, dos palabras que se relacionan entre sí, ya que *«natio»,* etimológicamente, significa «nacimiento».

Cuando los Estados-nación se imponen, apoyándose en la homogeneidad de la población y en su arraigo —dos criterios estáticos y restrictivos—, la nación se antepone al derecho y hace del Estado su instrumento. En esta invención, en la que el nacimiento se convierte en el fundamento de la soberanía, Arendt ve, con razón, la ineludible decadencia del Estado. Lo desestabilizarán, precisamente, las anomalías no resueltas en la ideación original: las minorías y los apátridas.

Aunque pertenecen jurídicamente al organismo estatal, las minorías acaban confiadas a la indulgencia de los Gobiernos y entregadas al odio de la mayoría. De este modo, los tratados que supuestamente las protegen quedan en papel mojado y las minorías se convierten en una «institución» permanente.

Aún más grave es el problema de los apátridas. Punto álgido de la anomalía, emblema de la deturpación, atrapados en la red de Estados nacionales tejida para cubrir la tierra, el apátrida descubre que, al no tener protección como ciudadano, ha perdido también los derechos humanos antes considerados inalienables. Expulsado de las leyes de la política, es tolerado únicamente mientras su condición parezca transitoria: le espera la repatriación o la nueva nacionalidad. Sin embargo, cuando es evidente que deshacerse de ellos es mucho más difícil de lo que se creía, entonces el apátrida, en su humana desnudez, no protegida bajo el manto de la nación, parece desafiar al Estado. Su condición empeora, acaba por ser peor que la del extranjero enemigo que, en todo caso, tiene la protección de su propio Gobierno. Resulta, por tanto, que el apátrida es «indeportable» porque nadie lo acoge.[42] Es la situación indeseable por excelencia.

Lejos de ser transitoria, la condición del apátrida se revela duradera y expandible. La apatridia se esparce por doquier. La espuma parece surgir por goteo de una fuente inagotable que acaba por diluir las bien delimitadas distinciones entre nacionalizados, refugiados, migrantes. Los «expulsados» de la «vieja trinidad Estado-pueblo-territorio» alimentan un movimiento creciente.[43]

Lo que carece de precedentes no es la pérdida de un hogar, sino la imposibilidad de hallar uno nuevo. Repentinamente ya no había un lugar en la tierra al que pudieran ir los emigrantes sin encontrar las más severas restricciones, ningún país al que pudieran asimilarse, ningún territorio en el que pudieran hallar una nueva comunidad propia.

42 *Ibidem,* p. 396.
43 *Ibidem,* p. 402.

Esto, además, no tenía nada que ver con ningún problema material de superpoblación. Era un problema, no de espacio, sino de organización política. Nadie había sido consciente de que la humanidad, considerada por tanto tiempo bajo la imagen de una familia de naciones, había alcanzado una fase en la que todo el que era arrojado de una de estas comunidades cerradas y estrechamente organizadas se hallaba al mismo tiempo arrojado de la familia de naciones.[44]

Arendt subraya la desnudez del refugiado, que necesitaría protección y que, en cambio, es motivo de escándalo. El Estado ejerce su soberanía, que nunca es tan absoluta como en cuestiones de emigración, sobre el refugiado. Se hace más evidente cuando la ejerce un Estado totalitario que prefiere la política de desnacionalización y deportación a la de repatriación y nacionalización. Pero Arendt advierte que, en estos asuntos, la diferencia entre el Estado totalitario y el democrático es solo nominal. Generación y rechazo de los indeseables no son características del totalitarismo, sino del Estado-nación que, como no consigue normalizar la deriva, conduce a los parias de la humanidad a zonas de tránsito y campos de internamiento, el único «sustitutivo

44   *Ibidem,* pp. 416-417.

práctico de una patria inexistente» que el mundo ofrece a los refugiados.[45]

En este contexto, Arendt plantea la ineludible cuestión de los derechos humanos. ¿Cómo es posible que sean los derechos que deberían permitirla los que impiden la hospitalidad? Es un dilema que nos dejó por legado la Revolución francesa. Al proclamar los «derechos del hombre y del ciudadano», los revolucionarios pensaban en sí mismos. Pero quienes no tienen nacionalidad, quienes no son ciudadanos, corren el riesgo de quedarse sin derechos.

Cuando, a medida que avanzaba el siglo XX, irrumpían y se entraban en la historia las masas de extranjeros privados de nacionalidad y de protección legal, el dilema se hizo patente y mostró toda su gravedad; luego, estalló el problema. Los Estados-nación ven a esas masas con preocupación, convencidos aún de que pueden asimilarlas. Pero los hechos históricos desmienten el espejismo del convencimiento. Las masas de refugiados no dejaron de crecer.

Como había visto naufragar a una humanidad desnuda, completamente a la deriva, Arendt se preguntaba por el derecho que nada puede ante las fronteras de la nación. Falta una ley cosmopolita

---

45 *Ibidem,* p. 405.

que garantice los derechos humanos. Arendt escribe en uno de sus pasajes más famosos:

> Llegamos a ser conscientes de la existencia de un derecho a tener derechos (y esto significa vivir dentro de un marco donde uno es juzgado por las acciones y opiniones propias) […] solo cuando aparecieron millones de personas que habían perdido y que no podían recobrar esos derechos por obra de la nueva situación política global.[46]

En ausencia del «derecho a tener derechos», aquellos que más protección deberían tener, marcados con el estigma de lo superfluo, son entregados a las fuerzas policiales de todo el mundo para ser rechazados, deportados, internados. Su condición es incluso peor que la de alguien que haya cometido un delito, porque a este último, que goza de personalidad jurídica, nadie puede negarle un juicio. Por el contrario, el extranjero puede ser detenido y encarcelado arbitrariamente, puede ser «enviado sin sentencia ni proceso a algún tipo de internamiento».[47] Es suficiente incluso con que ponga un pie en el territorio de un Estado soberano, como si hacerlo fuera un crimen.

El «derecho a tener derechos» es hoy la fórmula que encierra la paradoja de los derechos humanos

46 *Ibidem*, p. 420.
47 *Ibidem*, p. 408.

que ha demostrado ser la paradoja de la democracia.[48]

10. Hay que suponer que hacia 1943, cuando escribió *Nosotros, refugiados,* Arendt empezó a oír hablar de Auschwitz. Solo después de la derrota de Alemania en 1945 salió a la luz la existencia de las fábricas de exterminio nazis. Más tarde se difundió la noticia de los gulags soviéticos. A Arendt le llamó la atención no tanto el parecido estructural como la función de los campos. Casi se obsesionó con ello, y trató el asunto hasta mediados de los años sesenta.

Los estudios contemporáneos sobre el sistema de los campos de concentración retoman la tipología que ella había esbozado de forma pionera. En su esquema se distinguen tres tipos de campos, representados por tres imágenes del más allá: Hades, Purgatorio e Infierno.[49] Como inframundo que yace en la oscuridad, oculto a la mirada de los vivos, el Hades es el campo de internamiento —Arendt

---

48 *Cfr.* D. Di Cesare, *Stranieri residenti. Una filosofia della migrazione,* Bollati Boringhieri, Turín, 2017, pp. 52 y ss. Hay edición española como *Extranjeros residentes. Una filosofía de la migración,* Amorrortu, Madrid-Buenos Aires, 2020.

49 H. Arendt, *Los orígenes del totalitarismo,* edición española citada, p. 598.

pensaba en Gurs— y es el que inaugura la tipología. El Purgatorio se corresponde con el campo de trabajo y el Infierno con el campo de concentración. Mientras Arendt escribía este ensayo, la diferencia entre campo de concentración y campo de exterminio aún no estaba clara. Para definir el *Vernichtungslager,* es decir, el campo donde la muerte era inmediata y el exterminio era el fin, hoy se acostumbra agregar la imagen judía del *Gehena.*

A pesar de las diferencias entre un tipo y otro, Arendt ve un *continuum,* una conexión. El criterio utilizado para distinguirlos es la función, es decir, lo que ocurre en el interior. En la parte baja de esta tipología se encuentra el campamento, un espacio acondicionado de forma provisional y somera, en su mayoría vallado herméticamente, en el que se internan (sin respeto a los derechos humanos) personas indeseables. La peculiaridad del campo es la detención administrativa. El propósito principal es la eliminación en sentido etimológico, del latín *«eliminare»,* que significa hacer salir, enviar lejos, más allá de los «límites». La «e-liminación» puede llevarse a cabo de muchas maneras: con la expulsión de las personas y con la aniquilación.

Para Arendt, los campos (sean del tipo que sean) no son «un invento totalitario», pues aparecieron antes del totalitarismo. Las democracias los utilizan para ofrecer una solución apresurada al problema de la superpoblación y la superfluidad económica. Aunque parezca casi normal detener e internar a extranjeros que no han cometido delito alguno, hay que recordar que esta normalidad forma parte del sistema de campos de concentración.

La acusación política que Arendt hizo contra Adolf Eichmann en la última parte de *Eichmann en Jerusalén. Un estudio sobre la banalidad del mal* ha pasado casi inadvertida. Antes de ser agente plenipotenciario del genocidio en los territorios ocupados, Eichmann había sido ministro de Emigración durante algunos años. Su trabajo consistía en la evacuación de minorías y en el desplazamiento forzado de extranjeros. Por tanto, sería un error ver en el Holocausto un pogromo llevado a la perfección en métodos y resultados. Bien analizado, es la última etapa de una política de emigración que debía limpiar Alemania. Según Arendt, un vínculo une la discriminación contra la minoría declarada por las leyes de Núremberg, la posterior expulsión y, finalmente, la aniquilación planetaria del pueblo judío. El vínculo se hace patente en el veredicto pronunciado contra Eichmann: «Usted apoyó y llevó a cabo una política cuyo significado no era el de "convivir en la tierra con el pueblo judío"». Arendt especifica el principio teórico del crimen cometido:

«El derecho de decidir quién puede y quién no puede habitar el mundo».[50]

Fue el punto culminante de un plan de limpieza que afectó a las personas heterogéneas, foráneas, extranjeras. Fue un «crimen de lesa humanidad», tanto por privar a un determinado ser humano de un lugar en el mundo, como por la pretensión de arrogarse el derecho soberano a decidir con quién convivir. Arendt era muy consciente de que el riesgo iba a perdurar precisamente porque el Estado-nación no iba a desaparecer y que este, basado en un ideal de homogeneidad étnica e integridad territorial, rechaza despiadadamente a quienes no pertenecen a la nación como si fueran basura, escoria indeseable, de la que borra las huellas y a la que manda al olvido con la intención de mantener limpia e incorrupta su propia historia. Y ello explica la recurrente generación de masas de refugiados, que está destinada a no dejar de crecer.

Hoy, las cosas siguen igual. Los ciudadanos soberanos pretenden decidir con quién cohabitar, pues creen que la nacionalidad equivale a ser propietarios del lugar. Estas ideologías nacionalistas, que recurren a los viejos fantasmas de la sangre y la tierra

50   H. Arendt, *La banalità del male. Eichmann a Gerusalemme*, Feltrinelli, Milán, 1997, pp. 283-284. Hay edición española como *Eichmann en Jerusalén*, C. Ribalta (tr.), Debolsillo, Barcelona, 2006, p. 406.

natal, son la base no solo de la brutal violencia perpetrada contra los refugiados, sino también de la última gran guerra europea.

Con Arendt, más allá de Arendt, hay que subrayar que el vínculo mutuo precede a cualquier acuerdo. La proximidad no deseada y la cohabitación no elegida son las condiciones previas de la existencia política. Se puede elegir con quién vivir, con quién compartir techo o barrio, pero no se puede elegir con quién cohabitar.

La desgracia de los refugiados, de los extranjeros, de los migrantes no es la falta de libertad, sino la ausencia de una comunidad. Privados de una comunidad, también están despojados de los derechos. Quienes han sido expulsados y acaban en las peligrosas fronteras exteriores, las temidas zonas a las que conduce la persecución, piden un sitio en la comunidad. Pero, para Arendt, comunidad no significa nación. La pregunta es si puede haber comunidades, no delimitadas por fronteras nacionales, en las que llevar a cabo una política de acogida.

Nota
biográfica

Hannah Arendt nació en Hannover el 14 de octubre de 1906, pero pasó la mayor parte de su infancia y adolescencia en Königsberg, la ciudad de Prusia oriental famosa por ser la patria de Immanuel Kant. Los padres, Martha Cohn y Paul Arendt, ambos procedentes de familias de comerciantes judíos que habían escapado de los pogromos de la Rusia zarista, tuvieron que abandonar pronto los planes vitales que compartían para buscar ayuda en casa de algunos familiares en Königsberg. El motivo había sido la repentina reaparición de la sífilis de Paul, quien, tras años de hospitalización, murió en 1913. La larga e inexorable enfermedad de su padre fue una experiencia traumática para Hannah.

Crecida en un mundo de mujeres, Arendt, precoz y frágil, fue educada según los criterios de una enseñanza abierta y progresista impulsada por su madre, que siempre la instó a defenderse de las discriminaciones y, sobre todo, del antisemitismo que empezaba a volverse latente. En la escuela comenzó a leer a los filósofos: primero Kant, luego Kierkegaard. Entre 1922 y 1924 preparó, en calidad de estudiante por libre, el examen de reválida, que aprobó brillantemente. En 1920, la madre se casó en segundas nupcias con Martin Beerwald, un comerciante viudo que tenía dos hijas, Clara y Eva. El creciente distanciamiento de un mundo que debería haberle resultado familiar llevó a Arendt a dejar Königsberg para matricularse en la universidad.

En 1924 se instaló en Marburgo, donde, además de los cursos de teología protestante con Rudolf Bultmann, siguió los cursos de filosofía de Martin Heidegger, por entonces ya considerado el «monarca secreto» del nuevo pensamiento alemán. Entre la estudiante de dieciocho años y el carismático profesor se estableció una relación no estrictamente platónica, que se mantuvo durante mucho tiempo en absoluto secreto. Pero Heidegger, que estaba casado y tenía dos hijos, preocupado por su reputación, cortó la relación. Como se lee en su correspondencia, publicada veinticinco años después de la muerte de ambos, la relación duró al menos hasta 1926. Se volvieron a ver después de la guerra, y quedó claro que ninguno de los dos había olvidado al otro.

En 1926, Arendt se mudó a Heidelberg y encontró en Karl Jaspers un guía fiable y, más tarde, un amigo de confianza. Reelaboró parcialmente lo vivido en su tesis *El concepto de amor en san Agustín,* texto profundamente influido por el pensamiento heideggeriano, con el que superó brillantemente el examen de doctorado en 1929. Se casó entonces con Günther Stern, el filósofo más conocido con el seudónimo que adoptó más tarde: Günther Anders. La pareja se mudó a Berlín, donde aún parecía posible que ambos pudieran emprender una carrera universitaria. Gracias a la sugerencia de Anne Mendelssohn, su mejor amiga desde la adolescencia, Arendt descubrió en la Staatsbibliothek el legado literario de Rahel Varnhagen, figura paradigmática del mundo judío alemán, de la que comenzó a escribir una biografía. Pero los acontecimientos históricos se precipitaron. No tardó mucho en demostrarse el potencial catastrófico del nacionalsocialismo, en el que Arendt ya había intuido la nueva y peligrosa amenaza que se cernía no solo sobre el pueblo judío, sino también sobre toda la humanidad.

En 1933, cuando el partido nazi llegó al poder, aumentaron las medidas represivas. Liberada tras un corto cautiverio de ocho días, Arendt logró escapar de Alemania y, después de una escala en Suiza, llegó a París, la ciudad donde se reunía la comunidad de judíos alemanes en el exilio. Como muchos otros, Arendt sobrevivió gracias a trabajos ocasionales, colaborando principalmente con organizaciones de emigración judía como Jugend-Aliyah y la Jewish Agency. Aunque en principio aún vivían juntos, el matrimonio con Anders había dejado de funcionar. Se divorciaron formalmente en 1937, cuando él ya llevaba algún tiempo en Estados Unidos. Una relación de estima e intensa amistad unió a Arendt con Walter Benjamin, en cuyo círculo conoció a Heinrich Blücher, un comunista berlinés, intelectual autodidacta, que se convirtió en su compañero de por vida.

Cuando las tropas alemanas invadieron Francia, ambos terminaron en un campo de internamiento. Consiguieron salvarse y, como desplazados, se encontraron casi por casualidad en un pequeño pueblo de los Pirineos; cruzaron España y llegaron a Lisboa, desde donde, gracias a los visados americanos, zarparon rumbo a Nueva York. Muy diferente fue la suerte de Benjamin que, detenido en la frontera española, se suicidó en Portbou el 25 de septiembre de 1940 para no caer en manos de los nazis.

Al llegar a Nueva York en mayo de 1941, los Blücher llevaron la típica vida de los refugiados, expuestos a incertidumbres, peligros, dificultades. Hannah aprendió inglés muy pronto y, así, pudo conseguir un trabajo como lectora en la editorial Schocken, donde, entre otras cosas, editó la obra de Franz Kafka. En aquellos años contó con el apoyo de viejos y nuevos amigos, desde Hans Jonas, re-encontrado después de mucho tiempo, hasta Hermann Broch y, sobre todo, Mary McCarthy, destinada a convertirse en una figura destacada en su vida. Hannah consolidó sus relaciones con el grupo de exiliados cercanos a la *Partisan Review* y retomó su labor intelectual publicando artículos y ensayos tanto en revistas académicas como en el boletín político *Der Aufbau,* el que leían los judíos alemanes. Más tarde trabajó para la Jewish Cultural Reconstruction, que la mandó a Europa en 1949 para compilar una lista de los bienes culturales judíos que quedaron en pie después de la guerra. Era la primera vez que visitaba Alemania acabada la guerra. Estaba profundamente desilusionada: los alemanes intentaban borrar lo sucedido, quitarse responsabilidades, incluso intentaban adoptar el papel de víctimas. Retomó contacto con Jaspers, que mientras tanto se había mudado a Basilea con su esposa Gertrud. En 1950 fue a Friburgo y volvió a ver a Heidegger después de decenios. Sin embargo, lo que los separó no fue solo la guerra, sino también la adhesión de Heidegger al nazismo. A pesar de ello, Arendt se comprometió a dar a conocer la obra de su maestro en América y se encargó de la traducción de algunos libros.

En 1951 se publicó la edición en inglés del libro en el que había trabajado durante mucho tiempo: *Los orígenes del totalitarismo*. Además de conseguir gran notoriedad, Arendt se convirtió entonces en una intelectual pública. Al éxito del libro le siguieron ofertas de algunas universidades: Princeton, Berkeley y, finalmente, una cátedra, primero en la Universidad de Chicago en 1963, luego en la New School for Social Research de Nueva York en 1967. La edición alemana salió cuatro años después, corregida y aumentada. En dos décadas particularmente productivas, muchos más libros vieron la luz: *La condición humana* (1958), *Rahel Varnhagen. La vida de una mujer judía* (1957), edición definitiva a partir del manuscrito redescubierto, *Vida activa* (1960), la colección de ensayos *Entre el pasado y el futuro* (1961), *Sobre la revolución* (1963), una comparación entre las distintas revoluciones, la americana y la francesa en particular, una manera de reflexionar sobre la posibilidad de crear nuevas formas políticas.

En 1959, Arendt recibió el Premio Lessing de la ciudad de Hamburgo. Aprovechó todas las ocasiones que le ofreció la vida pública para denunciar la amnesia que, en la Alemania de Adenauer, corría el riesgo de convertirse en amnistía generalizada a los nazis que habían cometido crímenes contra la humanidad. Cuando Adolf Eichmann fue capturado en Argentina por agentes del Mossad y llevado a Israel, Arendt accedió a cubrir el juicio, que se celebró en Jerusalén a partir del 11 de abril de 1961, como corresponsal de la revista estadounidense *The New Yorker*. El resultado fue el famoso ensayo *Eichmann en Jerusalén. Un estudio sobre la banalidad del mal* (1963). Contrariamente a la tendencia dominante, que veía en el acusado el prototipo del monstruo, Arendt se centró en la figura del burócrata que pretendía no haber hecho más que cumplir órdenes y resumió en la acertada fórmula «banalidad del mal» la falta de criterio, la no asunción de responsabilidades que permitieron que el engranaje del exterminio se pusiera en marcha y siguiera adelante.

Aquella fecha marcó un hito en su vida. Las encendidas controversias que provocó el libro continuaron durante mucho tiempo. Aunque McCarthy en Estados Unidos y Jaspers en Alemania la defendieron, Arendt tuvo que enfrentarse casi sola a largas y agotadoras discusiones que, aunque la hicieron aún más famosa, le quitaron tiempo y energía. También perdió amistades o relaciones importantes para ella: Hans Jonas, Gershom Scholem y, sobre todo, Kurt Blumenfeld, máximo exponente del sionismo alemán, que había sido su mentor y referente durante decenios. En el mundo judío, donde sus convicciones habían provocado críticas e indignación, alcanzó así el papel de paria sobre el que había reflexionado años atrás.

En los años siguientes, mientras redactaba la obra en tres partes que luego fue *La vida del espíritu,* que quedó inacabada, Arendt se dedicó a la enseñanza sin dejar, sin embargo, de seguir de cerca la evolución de la política. La guerra de Vietnam, la discriminación de las comunidades afroamericanas y finalmente la explosión del movimiento estudiantil en 1968 la llevaron a comprometerse en varias ocasiones. A aquella época se remonta *La crisis de la república,* una colección de ensayos sobre la relación con el poder, sobre la desobediencia civil y el vínculo entre la política y la mentira.

La repentina muerte de Blücher el 31 de octubre de 1970 la dejó aún más sola y vulnerable. Aunque estuviera rodeada de nuevos o viejos amigos, desde el escritor Uwe Johnson, a quien conoció en 1965, hasta Mary McCarthy, a la que también debemos la publicación de los escritos póstumos de su amiga, a Arendt le costaba encontrar el equilibrio en su vida cotidiana. Tenía una gran capacidad de trabajo, limitada, sin embargo, por el estado de una salud que nunca cuidó. Fumaba mucho y solo muy tarde trató de dejarlo. No escatimó participaciones ni en reuniones académicas ni en frecuentísimos debates políticos. En 1974 sufrió un primer infarto mientras daba una conferencia en Aberdeen, Escocia. En el verano de 1975 pasó unas tranquilas vacaciones en una pensión de Tegna, cerca de Locarno, releyendo a Kant. Fue a ver a Heidegger y luego regresó a Nueva York. En la noche del 4 de diciembre de 1975 sufrió un segundo infarto, que resultó fatal. Tenía sesenta y nueve años. *La vida del espíritu* se publicó póstumamente en 1978. Hannah Arendt está considerada la filósofa más importante del siglo xx.

Índice

Nosotros, refugiados   7

Hannah Arendt y los derechos de los
refugiados, *por Donatella Di Cesare*   37

Nota biográfica   95

«E il naufragar m'è dolce in questo mare»